古代エジプト動物誌

酒井傳六

講談社学術文庫

序文

古代エジプトには多くの動物が棲んでいた。それらは、あるいは神となり女神となり、あるいは狩猟対象となり、あるいは家庭の友となり、あるいは逆に敵ともなった。動物は、古代エジプト文明に、古代エジプト社会に、まことに大きな役割をもっているのであった。そういう古代エジプトの動物を、主要動物を軸として多面的に描いてみたいというのが本書執筆の意図である。

したがって私は、宗教、政治、美術、動物学、考古学、文学、日常生活、生産、医療の諸側面から動物を見なくてはならず、なかなか難かしい仕事であった。本書の中で、私は本邦では初めてのいくつかの資料をとりいれるとともに私なりの考証も随所に試みた。一冊の本の中に右に列記したような多彩な要素を組みいれるという試みはこれまでだれも（欧米でも）やっていないので、本書が、その弱点を当然に持ちつつも、一つの役割を果してくれること、そして古代エジプトが日本の読者に親しみぶかいものとなることを、私は期待する。

記述の方法について一言しておきたい。私は、重要な歴史的事項の記述については、しばしば繰返し記述をした。それは、一つには、古代エジプト史に不馴れな読者も、前のページを開いて見ないでスムーズに読み進められるようにとの願いからであり、また一つには、そうすることによって各章のある程度の自立性が得られるようにとの考えからである。したがって読者は必ずしも第一章第二章……と読むのではなしに、好みの動物名の章からはじめてもよい、というわけである。

本書の各章は均等の長さを持ってはいない。猫と犬の章がとくに長いのは、何といってもこの両動物が古代エジプト人にもっとも親しまれ、もっとも愛されたからである。そしてまた、現代人が古代エジプト人のこの傾向を受けついでいるからである。猫の章はもっとも長いものとなっているが、その理由の一つは、私自身が猫愛好者であるということにある。

線画図像は①一九世紀のJ・F・シャンポリオンの調査図録②同世紀のP・E・ニューベリ編のベニ・ハッサン報告書図録③二〇世紀初頭のE・A・T・W・バッジの著作に拠った。このような線画図像を多く用いたのは、第一に、①と②がまさに、「古代エジプト動物図鑑」の体をなしていて、とくに今日では原位置から消え去っている（自然の剝落《はくらく》あるいは意図的な切取りなどによって）多くの図像を示しているからである。第二に、③は汚れた原パピルスなどから得た神々の姿を的確鮮明に示しているからである。

宗教上の基本テキストについては◇The Ancient Egyptian Pyramid Texts, translated by R. O. Faulkner（1969）◇The Ancient Egyptian Coffin Texts, translated by R. O. Faulkner（1973）◇Livre des morts des Anciens Egyptiens, traduit par G. Kolpaktchy（1954）に、王の碑文については Ancient Records of Egypt, translated by J. H. Breasted（1905）に、文学については Romans et Contes Egyptiens de l'Epoque Pharaonique, traduits par G. Lefebvre（1949）に、医学パピルスについては Essai sur la Médecine Egyptienne de l'Epoque Pharaonique, par G. Lefebvre（1956）に、旧約聖書は日本聖書協会訳に、ヘロドトスの『歴史』は松平千秋訳に、拠った。

さきに本邦未紹介の資料のいくつかを本書に採りいれたことを述べたが、その一つはカイロ博物館のミイラを扱った「ガイヤール・ダレシ報告」であって、各章に出て来るその要旨は、実線で囲んだ枠内におさめて本文と区別した。お急ぎのかたは、この部分を跳んで本文だけを読み進んでも支障はないようになっている。しかし、その場合でも、あとで、この枠内記事に眼を通して下さることを読者におねがいしたい。

本書の出版については、文藝春秋出版局出版部の小嶋一治郎氏のお世話になった。氏は、一九八二年の私の著書『古代女王ものがたり』の製作を担当してくれた人であり、今回も前回に変らず有益な助言を（書名をも含めて）して頂いた。深く感謝する次第である。

本書の基礎になったものは、一九八二年七月から九月まで朝日カルチャーセンター（横浜）で行った全十回の講義「古代エジプトのシンボル」であり、そのさい同社の岩瀬秀夫支社次長と担当者・大島恵子さんのお世話になった。両氏に対し、また有益な質問をしてくれた聴講生のかたがたに対し、私は感謝する。

酒井傳六

一九八三年十二月一日

目次

古代エジプト動物誌

古代エジプト動物誌

第一章　猫

猫を表わすヒエログリフ

世界最古の家猫図

「大多数の猫の本当の難点は、いかにも偉そうにふるまうあの鼻持ちならん態度ですよ。太古のエジプトでは神だ何だと崇拝されていたという事実に起因する横柄さ、そのことから猫が、種族全体が、まだ完全に脱しきらんのですな。それでついつい、か弱く過ち多き人間の運命を自分たちも共有しているくせに、人間に対して批評家や検閲官を気取るわけです。非難がましい目でにらみつける。関心ありげに見つめる。それで気の弱い人間にはこれがしばしば最悪の効果をもたらしてましてな、由々しき劣等感を誘発する」。

これはイギリスの作家P・G・ウッドハウス「ウェブスターの物語」という文章の中の一節である。この「物語」は二人の男の対話という形で書いてあり、イギリスのG・マクベス、M・ブース編『猫文学大全』(柳瀬尚紀訳、大和書房刊)という本に出ている。

猫好きの私は、当然に猫について書かれた本をいろいろと読むが、古代エジプトの猫に言及した文章に出会うことは珍しい。だから、右のような文章を読むと、その内容に猫への嫌悪が出ているとしても、私はある満足を覚える。

そこで、猫の章の冒頭に、その文章をかかげたわけだが、実際、猫の話というものは、古代エジプトまでさかのぼらなくては、それこそお話にならないのである。

第12王朝の猫の絵（エジプト美術にあらわれた最古の猫）

古代エジプト人が野生猫を飼いならして家猫としたのはいつであるかについては、二つの説が行われている。一つは中王国時代とし、他の一つは新王国時代とする。前者をとれば、前二〇〇〇年ごろとなり、後者をとれば前一六〇〇年ごろとなる。しかし、いずれの説も、くわしくその根拠を示していない。少くとも私の知るかぎり、そうである。

私自身は中王国時代説を採る。これから書く猫の話の中で、その考証も出てくるはずである。

中王国時代説の強い証拠の一つとなるものは、上エジプトのナイル東岸の地、ベニ・ハッサンの墓室画である。

この遺跡は中王国時代（前二一三三―前一七八六）の貴族・高官の群墓で知られるが、その一つ、知事・クヌムホテプ二世の墓の絵に、家猫の図が見られるのである。その猫はパピルスの茂る沼地で、一本のパピルスの上を歩いている。パピルスは猫の重みで、半ば倒れている。この絵は家猫の図として エジプト最古のものであり、したがって世界最古のものである。

絵が発見されたのは、一九世紀末のイギリス考古学調査隊のベニ・ハッサン調査（一八九〇―九二）のときであるが、ベニ・ハッサンは、これよりさき、猫のミイラによって知られていた。

一九世紀中葉に、ベニ・ハッサンの墓地から、何と三〇万体の猫のミイラが発見されるというできごとがあった。発見者はこの地の農民であるが、このミイラの山は学術対象としてではなく、商業対象として扱われた。というのは、アレクサンドリアのイギリスの商人がこのミイラを肥料用に使うことを考えたからである。こうして、二〇トンにも達する猫のミイラはアレクサンドリアで船積みされ、リバプールに陸上げされ、肥料となった。そのときの取引価格はトン当り四ポンドであったという。

今では考えられない荒っぽい処理であったが、それが時代の水準なのであった。学者もエジプト・マニアも、古代の美術品を探すことに懸命であって、科学的方法などという配慮は全くもっていなかったのである。エジプト考古局と博物館が生れて、何がしかの発掘規制と持出規制が行われるようになるのは、やっと一八五八年になってからなのである。それにまた、エジプトのミイラ（ミイラ一般ではなく「エジプトのミイラ」というところが大切なのである）は、人間のものであると動物のものであるとを問わず、中世いらいヨーロッパ人に珍重され、上等なものは薬物として、そうでないものは燃料や肥料として用いられてきたのであった。中世いらい一九世紀はじめまで、ヨーロッパにもち出されたミイラは年平均一万トンに達した、と計算している学者もある。

エジプト家猫はどのようにして生れたのであろうか。それを、ここでしばらく考察しよう。

前三一〇〇年ごろにはじまる古代エジプト王国は、壮大なピラミッドの建造によって「エジプトの奇跡」を示したのであるが、そのピラミッド時代（古王国時代＝第三〜六王朝＝前二六八六―前二一八一）は内乱によって終った。つづく混乱の第一中間期を経て、国家再統一を実現したのはテーベ（上エジプト）に都を置く王メンツーホテプ一世で、彼によって第十一王朝が前二一三三年ごろにはじまった。興味ふかいことは、この王朝期に猫への最初の関心と憧れがあらわれていることである。

この王朝の五代目の王メンツーホテプ二世に仕えた一高官の母は「雌猫」（タミト）という名を自分の名としたし、猫の名詞マウ（またはメウ）という単語が生れたのもこのころである。ただし、この王朝期の人びとが見ていたものは、南のヌビアから流域を下って来た野生猫であった。

この王朝のあと、別の家系の第十二王朝がアメンエムハト一世によって前一九九一年ごろにはじまった。王は都を下エジプトのリシュトに移し、地方行政機構を改組し、下エジプトの産業開発に力を注いだ。

この部門で飛躍的な成果をあげるのは二代目の王センウスレト一世と六代目の王アメンエ

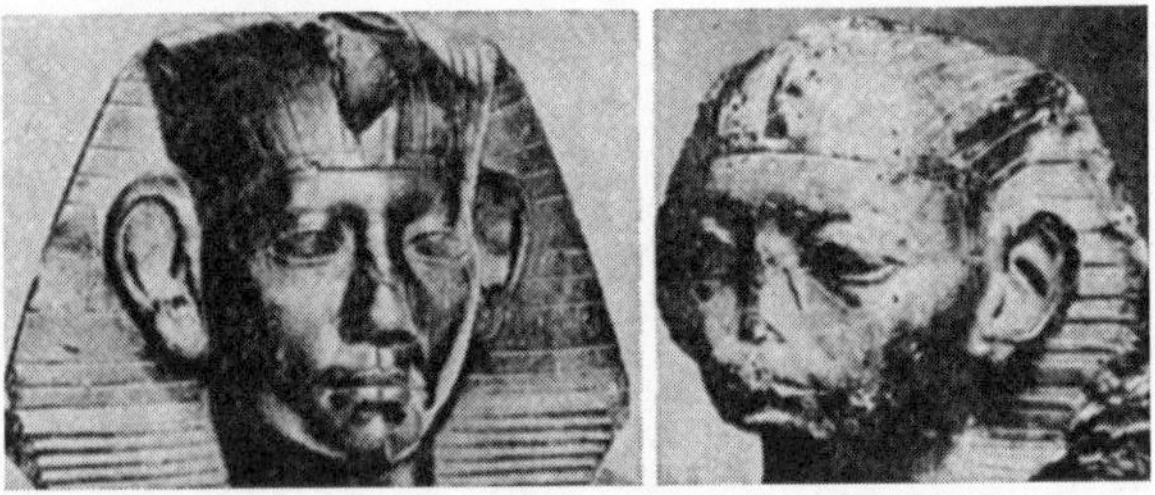

アメンエムハト1世の像（右）とアメンエムハト3世の像

ムハト三世である。前者は全土に水路網を発達させ、ナイル東支流の要地ブバスチスからスエズ地峡のチムサ湖に至る運河をつくり、この運河はビター湖を経てスエズ湾に結びついた。こうして、ナイルを経由して北の地中海と南の紅海が結びついたわけで、これはのちのスエズ運河の先駆となった（のちのスエズ運河、すなわちわれわれの知っているスエズ運河は南北コースであるが、センウスレト一世の運河は東西コースである。念のために記す）。

アメンエムハト三世は、ナイルの水を引いてファユーム盆地にダムを作った。これはファユーム地方の農業をエジプト第一のものに引きあげることに貢献した。

このような農業の振興が、猫と人間の接触を促すこととなった。人間と接触するのは野生猫の中のリビア猫（学名は *Felis lybica* または *Felis maniculata* または *Felis ocreata*）という体長四〇センチ前後の小形種であった。

リビアはエジプトの西に隣接する国であり、リビアに繁殖したリビア猫は、古くから、ナイルの魚と流域の鳥獣を餌として求めてエジプトへ来ていたのであるが、それが、農業の振興に伴って農作物に群がる動物に（餌であるから）惹かれて、また人間の食糧そのものにも惹かれて、人家に近づくこととなったのである。

野生猫を家畜化する経過の中には、もちろん人間の側からの注意ぶかい観察と努力というものがあった。

ナイル流域に人間が定住し、農業をはじめたときから、農民は多くの害獣に苦しまねばならなかった。その筆頭は鼠である。鼠は、畑を荒し、収穫物を食い、そして住居をこわすのであった。それにまた、ペスト菌を運んで疫病をおこすのも鼠であり、鼠は健康の敵であることを、ペスト菌についての認識はなくても、エジプト人は知っていた。

第十二王朝の下エジプトで農業が飛躍的に発展したのに比例して鼠の活動もはげしくなり、農民にとっては、鼠をいかに退治するかが最大の関心事となった。そういうあるとき、猫が鼠の天敵であることをエジプト人は発見した。彼らは、猫の習性と食料の好みを観察し（彼らは最初の動物行動学者だった）、野生猫を手なずけることに成功したのである。

ここで、エジプトの猫の家畜化が孤立的に実現したものではなく、中王国時代の全体的な興隆の流れ、エジプト人の知的水準の向上という状況の中で実現したものである、ということに私は読者の注意を惹きたい。

壮大にして堅固なピラミッドは、古王国時代の末期に内乱によって荒された。無傷のピラミッドは一つもなくなった。第六王朝の最後の王ペピ二世の宰相イプエルは王に対して次のように乱れた国情の報告をしている（そのパピルスが今日にまで残った）。

「ドア係りは、行って略奪をしようといっております。洗濯屋は荷物を運ぶのをことわっています。鳥類捕獲人は戦列をととのえました。デルタの沼地の人びとは楯《たて》を手にしています。人は息子を敵とみなしています。品性ある人は、この土地に起ったことの故に、嘆きつつ立ち去っています。異邦人は至るところで住民となっております。

貧者は歓喜し、盗人は横行し、ナイルの流れは血のように赤くなり、王宮の建物は破壊され、農地は砂漠と化しております。神殿はこわされ、税は納入されず、国庫は空となり、国は破滅に向っております。御覧ください。長いあいだ起きなかったことが、何か為されました。王は貧者によって連れ去られました」。

「御覧ください。ハヤブサとして葬られた者〔王のこと〕がいまは単なる棺台の上におります。ピラミッドが秘めていたものは空っぽになっております。御覧ください。事はついに、わずかばかりの無責任なやからによる王位略奪というところまで進んだのであります。……」

こういう経過でピラミッド時代はおわり、内乱の第一中間期を経て中王国時代（第十一、十二王朝）となる。中王国時代の王が歴史から学んだことは「ピラミッドが王の永生を保証し得なかったのは王のみが神々の守護を受けるという宗教体系にあった」ということである。「救済の経文であるピラミッド・テキストが王墓にのみ許されたのは不合理であった」ということである。「民衆のための宗教体系が生れなければ王位の安泰も王の永生も保ち得ない」ということである。

そこで、宗教と葬制の改革が企てられた。テーベの地域神として、かつては小さな神であったアメンが、テーベ出身の王朝である第十一王朝において大神となり、王家の、したがって国家の大神となった。

アメンは、その原義において「隠れたるもの」を意味する。この原義が示すことは、人間と世界と生物のすべてをつくる神は、本来は「隠れたるもの」であり「見ることのできないもの」であるとテーベの住民が考えていたということである。しかし、いま、国家神となるに及んで、全国民に理解されるためにそれを形象化することが必要となり、羊頭人身の形でアメン神は表現されることとなった。羊は造化の神の化身とみなされたのであった。

オシリス神話

いま、アメンは国家神になったと述べたが、それはアメンが実際に全国民の、つまり民衆の大神になるということを意味しなかった。アメン神はあくまでも王家の大神なのであった。

では民衆の大神は？　それはオシリス神であった。オシリスはすでに古王国時代のピラミッド・テキストにあらわれている「あの世の法廷」の裁判官で、王を救う裁判官である。そのオシリス信仰が第十一王朝以降に、顕著な勢いで全国にひろがっていった。いかなる者も、王も民衆も、死後は、ひとしくこのオシリスの裁判に服するという一種の「平等性」がつよく信じられたからである。同時に、オシリスをめぐる神話が中王国時代のエジプト人を強く惹いたからである。

オシリス神話というのは、こうである。

エジプトをおさめていた名君オシリスは、エジプトに農業をもたらし（ことに農業が重視されていることに注意していただきたい）、エジプト人に文明と幸福を与えていた。その弟セトは、これを嫉《ねた》んで、謀殺を企てた。

あるとき、セトは宴席を設け、オシリス王をはじめ多くの貴顕名士を招いた。宴たけなわのころ、黄金製の立派な箱がもちだされた。これにぴったりはいる人にこの箱を贈呈する、とセトは述べた。すべての人が試みたがうまくゆかず、最後にオシリスが試みた。オシリスにはぴったりの寸法であった。しかし、オシリスが箱にはいるや否や、セトの一味は箱におそいかかり、蓋をし、釘をうち、ナイル河に投げこんだ。そして、セトは自ら王であると宣言した。

農業と生産と復活の神オシリス

オシリスの妹で妻である女神イシス

オシリスを謀殺したセト神

地上の支配者ホルス（オシリスとイシスの子）

オシリスの妻イシスは、夫の遺骸を求めて、エジプト全土はもとより、レバノンにまで旅した。ついに、レバノンで大木の木の根の下に埋まっている夫の柩《ひつぎ》を発見し、領主の許可を得て、箱を掘りだした。イシスは魔法によって夫に生命を吹きこんだ。

セトとその一味は、オシリスが王位を奪回しないうちに、再びオシリスを襲った。そして、こんどは、身体をバラバラにして、一部は地に埋め（頭部は上エジプトのアビドスに埋めた）、一部はナイルに流した。イシスの夫探しが再びはじまった。イシスはついに夫のすべての部分を集めることができた。性器のみは、ナイルの魚に食われてしまい、発見することはできなかった。イシスはこれを抱き、身ごもった。生れた子はホルスであった。

ホルスは成長し、セトを討ち、オシリスの仇をとり、王位を奪回し、自ら王位に即《つ》いた。オシリスはこの世の王位をホルスに譲り、自らは冥界の王、そして審判者として君臨することになった。

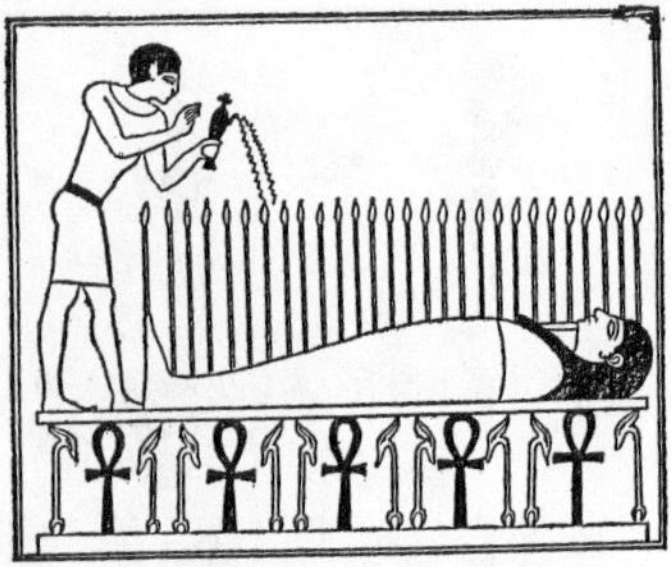

穀物を生み育てる、農業神オシリス

……これが「オシリス神話」である。かつてオシリスは、王のための神であった。いま、中王国時代の全体の改革の波の中で、オシリス神は復活の永生の神となり、民衆の神となったのである。ついで、発展したオシリス信仰は「死せる者すべてがオシリスになり得る」という考えかたを生んだ。一方、もともと農業の神であったオシリスは農業の本質的要素をなすナイルの水と結びつき、ナイルを「オシリスの液体」と呼ぶ習慣が生れた。

　オシリス信仰はさまざまな宗教行事を生んだ。とくに、頭部埋葬の地、アビドスは聖地として、王家からも、民衆からも崇拝され、アビドスのオシリス年祭は重要なできごとであった。年祭は、ナイル氾濫期（七月―九月）の最初の一週間にわたり、オシリス受難劇として、主として祭司によって演ぜられた（ナイル氾濫期の最初の週が選ばれるのは、オシリスが農業と繁殖の神でもあるということによる）。いま「主として」と記したのは、祭司以外の者（役人や住民代表）も役を割りあてられることがあったからだ。そのさい、指名される者は、あらかじめ提出されている出願者リストの中から選ばれるのであった。一週間の祭期のあいだ、配役は交替するのが通例であった。その他大勢の役はアビドスの住民が受けもった。第十二王朝のセンウスレト三世に奉仕した役人イケルノフレトは、自らこのアビドス受難劇に加わった歓びを記した碑板を残した。彼はオシリスの子ホルスの役を演ずるという光栄をもったのであった（ここで細部にはいるのはやめるが、この碑板はオシリス受難劇について最も詳しく記したものとして、特別に価値高い史料である）。

オシリス信仰の隆盛は、中王国時代のエジプト人が「あの世の受難」を免れようとする強い願いのあらわれであるが、「あの世の受難」の中には「あの世の闇」も含まれていた。実際、「あの世の闇」についての大きな恐れは、中王国時代の心的傾向を特徴づける要素の一つであった。この「闇への恐れ」は猫を神格化する一要因となった。なぜなら、猫の眼は闇でも光るからであった。

中王国時代の葬制はといえば、資力のあるものは、民衆といえども、墓の中に棺とミイラをおさめ、救済の経文、コフィン・テキストを施すことができるようになった。古王国時代に死者をおさめる棺といえば王と貴族のための石棺ということであったが、今や、中王国時代では簡単な木製棺が許されて活用された。棺の内と外に記すコフィン・テキストというのは、ピラミッド・テキストの内容を継承し、それを発展させたものであった。同時に、人型棺がはじめてあらわれた。柩はもはや四角の箱ではなく、死者の姿と顔を示す人型棺となった。そのとき、死者は、死とともに「死者一般」となるのではなく「死者個人」として識別されつづけるという信念があらわれたのであった。

一方、あの世で、死者のかわりに労働に服してくれる「ウシャブティ」という小形人間彫像が考案され、墓におさめられた。あの世では、王も貴族も平民も、ひとしく農業労働に従事しなければならないというのが、基本思想であり、そのさい、死者の求めに応じて、死者のかわりに、労働をしてくれるのが「ウシャブティ」なのであった。「ウシャブティ」とは「応答する者」という意味であった。注目すべきはあの世における農業労働という思想であって、これが中王国時代の農業の興隆から生じたというのは明らかなことである。

中王国時代の宗教改革というものは、こういうことであった。

このような宗教改革を基本に置いて、中王国時代の政治・経済・文化の進展は目ざましかった。それは意欲的な実験と創造の時代であった。建築では中型のピラミッドが巧妙に造られた。入口の位置は古王国時代のように北に限定はされなかった。第十二王朝のセンウスレト一世は、最も個性的なピラミッドを築いた。王のピラミッドのまわりに、家族のピラミッドを一〇基も置いたのである。これはピラミッド建造史のなかで唯一の例である。

ピラミッド形の上部をそなえたユニークなテラス式神殿が第十一王朝のメンツーホテプ一世によって建てられた。これは第十八王朝のハトシェプスト女王の華麗優美なデイル・エル・バハリのテラス式神殿の先駆となる（この女王の神殿については拙著『古代女王ものがたり』文藝春秋刊の中にくわしく記してある）。

彫刻では王の像、高官の像が豊富につくられた。第十二王朝のセンウスレト一世の彫像は四〇体以上も残っているが、その仕上げはまことに上質なものである。絵画は第十二王朝でとくに活発であった。ベニ・ハッサンをはじめとして、デイル・エル・ベルシュやアスワンの墓室にも壁画が、儀式、生産、家畜、狩猟、漁業、などのさまざまのテーマについて描かれた。それは、古王国時代のような彩色レリーフではなくて、純正絵画なのであった。女性の地位が向上して、王家以外の女性の彫像が多くつくられるようになったのも、この時代の特徴である。

文学上の制作もまた輝かしいものであった。革命的な宗教文書『コフィン・テキスト』（革命的というのは、この文書の誕生によって民衆がはじめてあの世の救済を保証されることとなったのだから）は時代全体の骨格をなす最高の文書であるので、これを文学ジャンルにいれないとしても、第十一王朝の『難破船水夫の物語』、第十二王朝の『シヌへの物語』『雄弁な農夫の物語』を代表的なものとしてあげることができる。

センウスレト１世の像

『雄弁な農夫の物語』には、とくに注目する必要がある。なぜなら、古代エジプト文学の全体を通じて、農夫を主人公とするものは、知られているかぎり、これが唯一の作品であるから。そしてまた、第十二王朝の農業の繁栄と農民の地位の向上を、このことは示しているから。物語の内容は……。

ナイル西部のオアシスに住む一人の農夫クナヌプが商いのためにナイル流域に来て、役人の息子ジェフティナクトに、商いのため（つまり物々交換用）にもってきた品物を奪われてしまう。クナヌプは王家の上席家令レンシに訴え出るが、とりあげてもらえない。クナヌプは二度、三度……とあきることなく訴えをつづけ、ついにその回数は九度にまで及んだ。そのとき、レンシは初めて訴えをとりあげ、正しい裁きをすると約束した。訴えの記録は王のもとに届き、王はレンシに判決をまかせた。レンシは、クナヌプに、奪われた財産以上のものを与え、盗みを働いたジェフティナクトを捕えた……。

われわれがここに見ることとは、第一にレンシは訴人の訴えが正しいかどうか、訴えごとに内容が変ってゆくことはないか、それを知るために、わざと無視したふりをして何度も訴えに来るのを待った、ということである。次に、その盗人はレンシの部下の息子であったのだが、そういうことによる不当裁判（情実裁判）はしなかった、ということである。

教訓文学は、当時の社会思想を示すものとして注目される。ペシミズムがここにあらわれている。信じていた廷臣が王を裏切り、叛乱《はんらん》し、王位の奪取を企てるということは、『シヌへの物語』に示されていて、その時代風潮は、「友といえども信用するな」あるいは「兄弟といえども信用するな」というところまで進んだ。『アメンエムハト王の教訓』はその代表的作品である。また『生活に疲れた男の魂との対話』という作品がある。ここでは、生活に疲れた男が死を望み、しかし墓は死者を守らず生者は死者に供物を運ばないと考えて嘆く、というペシミズムを述べている。

逆説的に聞えるかもしれないが、このペシミズムさえもまた、全体的な中王国時代の隆盛の気運を支えるものであった。なぜなら、古代エジプトに初めてあらわれたこのペシミズムは、中王国時代の人の精神的充実あるいは知的な飛躍を意味するものであったから。(ことのついでに記すと、アガサ・クリスティの作品『死が最後にやって来る』は、第十一王朝期の手紙が材料になっている。小説の時代と舞台も前二〇〇〇年のテーベである。その時代の葬制と信仰と日常生活がそこにみごとに描かれている)。

中王国時代の興隆とは、かくのごときものであった。そういう流れの中で、猫の家畜化が実現したのである。

女神バステト

いまや家猫となったエジプトの猫は、期待どおりの活動をした。猫は、鼠から家を守り、鼠から農地を守った。エジプト農民の家は耕作地のかたわら、あるいは耕作地の中にあるので、猫は、耕作地監視のために遠出をするということではなしに、家を一歩外へ出ればすぐに耕作地の中にはいるのであった。古代エジプト人の住居は泥煉瓦《どろれんが》で枠をつくり、パピルスなどで屋根をふいた簡単なもので、どこにでも簡単に造ることのできる住居なのであった。毎年のナイルの夏の洪水で住居が流される、あるいはこわされるということは普通のことであり、農民はその都度、新しい家を建てるのであった。

この住居の状況から、「悲惨なエジプト農民の生活」ということを連想しないように注意していただきたい。実は、国王といえども、粗末な日干煉瓦づくりの宮殿に住んでいたのである。王は神殿と墓を壮大堅固に築いたが、住居は粗末なもので足れりとしたのである。それゆえ、あれほど多くの石の建造物が今日まで存続したにもかかわらず、王宮跡は発見されていないのである（唯一の例外は、アマルナのアケナトン王の王宮址である）。

さらにまた、農民の家が不潔で臭いものだったと思ってはならない。古代エジプト人は上下の階級を問わず清潔と香りに大いに配慮した。第十八王朝の最も有名な医学パピルス、「エーベルス・パピルス」に、そういう処方がいくつも示されている。一例を挙げれば、ノミ、シラミ類を除去するのに、「ナトロン（天然ソーダ）を溶かした水を屋内にまけ。害虫類は消える」と書いてある。ナトロンは古代エジプトに豊富に産したので、農民は容易に入手でき、この処方を実施し得たのであった。またベベトという植物を油で煮て、その液を屋内にまくという処方も示されている。

猫に戻る。猫は、そんな具合で、エジプト農民の救済者になるとともに、家庭の友となった。すなわち猫は、一方で神として崇拝され、他方で生活同伴者として最も愛されるようになったのである。もっとも、猫は、家畜化されたといっても、その本来の自立性と自由を失うことはなかった。それが生活同伴者としての猫の大きな特性であり、その点がまたエジプト人を魅了したのであった。なぜなら、その自由と自立性にもまた、エジプト人は神性のシンボルをみるのであったから（今日の、猫ぎらいの人は、猫のその自由と自立性を鼻もちならぬ尊大さとか、徹底したエゴイズムとか、あるいはまた許しがたい忘恩とか、形容するわけだが……）。

家畜化され、農業の神となり、闇を退治する神となった猫は、こんどは、ピラミッド時代からの女神バステトと同一視されるに至った。ピラミッド時代に（つまりはピラミッド・テキストの中で）バステトはライオンの姿をもって認識されていたが、いまは猫の姿の女神としても崇拝されるようになった。

これは、ライオンのかわからすれば地位の変動または下落であり、猫のかわからすれば地位の上昇であった。ライオンの地位が変動したのは、ライオンのもつ攻撃性の面が中王国時代に女神セクメトに移ったからであった。セクメトは雌ライオンでイメージされた女神で、古王国時代には「王の母」という優しい女神であったのだが、中王国時代に「戦いの女神」として力をのばした女神である（このことについては第四章で詳述する）。

一方、猫の地位上昇のほうはどうかといえば、現実にライオンが多数生息する地域では従来どおりにバステトはライオンとして認識される傾向がつよく、そうでない地域では新しい猫に惹かれて、これをバステトに結びつけたのである。すなわち、ライオンの多い下エジプトではバステトはほとんどライオンであり（それゆえに第十二王朝のアメンエムハト一世がブバスチスにバステト神殿を築いたとき、女神のシンボルはライオンであった）、上エジプトでは猫がバステトになったということである。第十一王朝に、いち早く野生猫に惹かれた上エジプトのエジプト人は第十二王朝になって家猫となった猫を手にして欣喜雀躍したという次第なのである。

バステトとはいかなる歴史と性能をもつ女神であるのか。こんどはそれを少し見よう。ピラミッド・テキストの中のバステトは、母性と敵性の両面の性格をもつものとして示されていた。第八九二節には「余は王にさからわなかった。余はバステトを助けなかった」という文章があり、バステトは明らかに獰猛な雄ライオンであって敵性の存在であることが示されている。一方、第一一一一節には、「わが母バステトは余に乳を与えてくれた」とあって優しい女神である。同じくバステトと呼ばれていても、その性格には二面があったということである。これが古王国時代のバステトであった。

では、中王国時代の信仰の文書、コフィン・テキストに、女神バステトはどうあらわれているであろうか。その関連の節のいくつかを、読んでみることにしよう（主語を「余は……」でなしに「私は……」と訳すのは、民衆もまたコフィン・テキストを用いたからである）。

第六〇節にはこう記してある。

「アトゥムの娘、万物の主より生れ出たる最初の娘、バステト。そは曙のときまで、御身（死者のこと）が死者の王国に至り着くときまで、御身の守護者となる」。

ここに出ている「アトゥム」は万物創造の原初の神であり、やがて太陽を指すに至る。

第二六五節はこう述べている。

「私は、バステトの使者であるシューの営みの中で……ラアの疲れに比例して疲れる。私は殺害者の手に渡されることは決してないであろう。敵意ある蛇は私を食わなかった」。

楽器を鳴らすブバスチスの
女神バステト

ここに出ている「シュー」は大気を司る神である。蛇は闇をつくる怪物であり、闇と戦うバステトの姿をここに見ることができる。

第六五一節にはこう書いてある。

「……これらすべてのものに結ばれているもの、そのものの名は『諸神の王』である。諸神とは穀物の女神、バステト、トゥエリスおよび六柱の女神である」。

　ここに出ているトゥエリスというのは雌河馬《かば》の姿をもつ女神で、女性の出産を助ける女神である。文脈からして、ここでのバステトの役割が太陽神ラアの活動を助ける立場にあることは確かである。輝く猫の眼の光りを思いあわせていただきたい。つづく第六五三節では、被葬者を助ける神々の列挙の中の一女神として出ている。

　第九五五節は欠落部の多い経文であるが、その中に「私は……愛されたる者バステトである」ということばが見られる。ここでバステトは優しい女神として、愛される女神として示されている。死者はバステトのように愛されたい、と願い、その願いを「私は……である」という文章で表現したのである。

　墓室と棺にはコフィン・テキストからの引用を記すのが普通であったが、独立の記録文を記して、その中に神々の名をあげるという場合もあった。第十二王朝のセンウスレト三世とアメンエムハト三世に相ついで奉仕した高官セホテプイブラは上エジプトのアビドスに造った自らの墓に、長文の自伝を記し、その中に王をたたえる文をはさんだ。その中ほどにこう書いてある。

「王は生命。その口はみちあふれている。生れ出ずるものは王の創りしもの。王は万人のクヌムであり、人類を生む種をまくもの。王は二つの国を守護するバステトである。王を崇拝するものは王の手で護られる」。

ここに出てくるクヌムは羊の姿をした創造神クヌムであり、「二つの国」とは上下エジプトから成るエジプトの名称である。バステトは「二つの国を護る女神」として、ここでは示されている。

猫の聖地ベニ・ハッサン

さて、第十二王朝の諸王が下エジプトのリシュトに都を置いたことを、われわれはさきに見た。リシュトの政府の個性の一つは地方行政機構の改革を進めたということである。古王国時代末期における地方知事の権限増大が中央政権を滅したという歴史的経過を知っている第十二王朝の諸王は、各州の境界画定、州知事の権限縮小をはかったのである。下エジプトについては、その実は上り、州知事のポストは王の任命する者によって占められた。しかし、政府所在地から離れている上エジプトについては、事情はちがっていた。いくつかの州では、知事職を同一家系で継承するという方式が存続した。相続領主の統治形態であった。中央政府のほうは、これを力ずくで改革するという強硬策はとらなかった。そういうことをすれば、上エジプトに再び内乱のおきる恐れがあったからだ。そこで中央政府は、そのような州知事を手なずけて、効率的な徴税をはかることで甘んずることとした。

このような有力な州知事の一人が、ベニ・ハッサンの知事であった。なぜこの知事が有力であったかというと――。

ベニ・ハッサンの近くに、メナトクフという都市があった。この都市名は「クフの養育地」という意味であり、そのことがこの地の歴史的重要性を示している。クフ！　あのギザの大ピラミッドを築いたクフ王は、この地で養育されたのである。たぶん、その父スネフル王はこの地に育ち、その関係でクフ王もここで養育されたのである。そういう由来をもつこの地の豪族は、伝統的に王家に対して、したがって中央政府に対して、ある自立性のある特別な立場をもっていた（「特別な」といっても、国王に対する臣下の関係という立場は厳として認識されており、「王の高官」と称することは彼らの誇りだった）。

第十二王朝の州制度改編のさいにも、事態に大きな変更はなかった。州庁はメナトクフに置かれ、オリックスという名のその州の領域はメナトクフから東にかけての一帯を含む地方であった。したがって、私がさきに便宜上「ベニ・ハッサンの知事」と呼んだものは、正しくは「メナトクフの知事」あるいは「オリックス州の知事」ということになる。そして、メナトクフの知事とその一族が近くのベニ・ハッサンに、相ついで岩窟墓をつくった、という次第である。

奇妙なのは、ベニ・ハッサンの墓地がナイルの東岸にあるということである。人は死して死者の国である西の国へはいるという信仰から、ピラミッド時代以前から墓はナイルの西岸につくるというのがエジプト人の葬制であった。なぜベニ・ハッサンの墓地は東にあるのか、という問いに明確な答えを出すのはむずかしい。たぶん、西岸には、岩窟神殿を築造できる適切な場所がなかったからである、と私は考える（東岸に墓地をつくったもう一つの例は、第十八王朝の宗教改革王アケナトンの都、アマルナであるが、これは明確な信仰上の理念によってである）。

この岩窟墓について最初の報告をしたのは、一八世紀末のナポレオン遠征隊の学者、E・F・ジョマールであるが、その記述は簡単なものであった。この報告に刺戟されて、フランスのJ・F・シャンポリオン（あのヒエログリフ《神聖文字》の解読者）が、一八二八―二九年のエジプト遺跡調査のさいに、ここを訪ねた。一八二八年十一月のことである。彼は数日間の予定でベニ・ハッサンへ来たのだったが、見るべきものが余りに多いので二週間以上もとどまった。同行の写生画家が多くの写生と図をここで作成し、それはのちに彼のエジプト調査図録の部分としてまとめられ、とくに動物関係の図は、のちの学者に大きな寄与をする。というのは、そのあと壁画の多くが剝落《はくらく》または損耗して姿を消したからである。

多くの動物関係図を作成したとはいえ、クヌムホテプ知事の「家猫の絵」は見逃されている。そのかわり、シャンポリオンはベニ・ハッサンの猫の墓地を発見した。猫神のための岩窟神殿の前に、彼は山と積まれた猫の死骸（筵《むしろ》に包まれていた）を見、さらに付近の砂漠に猫のミイラの安置所を二ヵ所、発見したのである。ミイラは包みの中におさめられ、砂の中約六〇センチのところに埋まっていた。シャンポリオンは兄あての手紙の中で「非常に大きな二つの安置所」と書いている。「非常に大きな」のサイズは数字的には不明であるが、彼をおどろかしたその安置所は数千体、数万体、いや数十万体のミイラをおさめていたかもしれない。それは動物学的に、また宗教的に、さらに猫の葬制の上で、価値高い古代遺物であったのだが、シャンポリオンの調査はその点には及ばなかった。また彼の指摘が広く学界に知られるということはなく（兄あての私信であったから）、ヨーロッパの学者（博物学者を含めて）の注意を惹くということもなかった。そして、のちの学者がその重要性に気付くときは、時すでに遅く、一九世紀中葉に、三〇万体の猫のミイラが輸出されて肥料となっているのである。

シャンポリオンのあとドイツのK・R・レプシウスが来た。彼はベニ・ハッサンの墓地が中王国時代に属することを証明した最初の学者である（シャンポリオンは新王国時代またはそれより後の末期王朝時代のものとみなしていた）。ついでイギリスのJ・G・ウィルキンソンがあらわれ、図像記録に大きな役割を果した。

こうして、一九世紀中葉には三六基の墓が知られていた。そして、一九世紀末の、イギリス調査隊の活動となるわけだが、この調査隊は新たに三基の墓を発見し、全体について、初めて総合的な報告をまとめた。

三九基のうち、一二基が銘文と壁画をそなえており、被葬者の内訳は八人がオリックス州の知事、二人がメナトクフの貴族、一人が貴族の子、一人が王家の書記である。

岩窟墓の岩山の部分は幅約四〇〇メートルにわたっており、墓は上段の列と下段の列という形でつくられている。下段の列は第十一王朝の、上段の列は第十二王朝のものである。第十二王朝に属するものは、ほとんど正面に列柱と画像を配置してあり、内部は数室から成り、さまざまの文字と壁画でみたされている（それゆえに、右に示したような身分別の内訳が分る）。

文字は墓の参詣者に供物と祈りを求め、いっぽう壁画のほうは、時代のできごと、信仰、風俗、習慣を描いている。それは、美術史的な点からも歴史上の点からも大きな価値をもっている。年代は、銘文で明記されているものについては、第十二王朝初代の王アメンエムハト一世の時代から四代目のセンウスレト二世の時代にまたがっている。銘文のない墓は、その構造上の個性からして、第十一王朝の時代のものであることが明らかになっている。

第十二王朝の墓の中で大形のものは、ガゼル州の貴族アメンエムハトの墓とオリックス州の知事クヌムホテプ二世の墓で、いずれも固有の参道をそなえ、墓室は大きな中央ホールと、その両脇の副室の、三室からできている。内部の横幅は二五メートルにも及ぶ。

この中で、内容的にもっとも注目すべきものが、本書の冒頭で紹介した「最古の猫の絵」をもつクヌムホテプ二世の墓である。

この墓は、銘文においても画像においても、最も内容豊富な（とくに農業と日常生活についてくわしく描いてある）墓であって、家猫の絵もその一部を成しているという次第である。正面に十六角形につくった石柱が二本、立ててある。柱頭は張りだした梋《まぐさ》〔編集部註：

建物の出入口や窓の上部に取り付けた横木〕につながっている。楣は岩石であるが木造を模している。楣の表面には死者のための供物儀式のかずかずを記した銘文があり、楣の支柱面には、オシリスとアヌビス（死者の神＝本書第二章でくわしく記す）への祈禱文が記してある。内部には二列の列柱があって天井を支えていたはずであるが、この列柱はいまはわずかな痕跡を残すのみである。壁面には多くの画と文字があり、奥壁の被葬者彫像台は、いまは台座を残すのみである。

その壁面の銘文には、二二二行に及ぶ彼の伝記が書いてある。四代にまたがる家系記述も、そこにある（中王国時代の自伝文学の興隆の一つの標本がここにある）。

祖父はクヌムホテプ一世といい、第十二王朝初代の王アメンエムハト一世からまずメナトクフの伯爵に任ぜられ、ついでメナトクフ市を主都とするオリックス州の知事を命ぜられた。彼は、叛乱分子を制圧した功によって、このポストを与えられたのであった。

クヌムホテプ一世の歿後《ぼつご》、その息子ナクト（つまりクヌムホテプ二世の伯父）はメナトクフの公爵に任ぜられた。その妹バケトは南に隣接する兎《うさぎ》州の州知事ネフリと結婚した。この夫婦から生れたのが、クヌムホテプ二世である。伯父ナクトの死に伴って、クヌムホテプ二世はメナトクフの公爵に、ついでオリックス州知事となった。メナトクフに繁栄をもたらした彼は、次の王センウスレト二世の治世六年に、三七人のアジア人一行の訪問を受けた（これを描いた壁画については、あとで少しくわしく触れる）。彼はオリックス州の北に隣接する犬州の公爵の娘ケティと結婚して勢力をのばした。この夫婦から生れた長男ナクト二世は犬州の公爵領を与えられた。次男のクヌムホテプ三世はメナトクフの伯爵に任ぜられた（エジプトの州名について少しく説明すると、エジプトは上エジプトが二二の州に、下エジプトが二〇の州に分轄されていた。各州名は州ごとの主神またはシンボルによって表現された。オリックス州、兎州、犬州、鰐《わに》州といった具合に。ここにもまた動物の特別の地位がある）。

これが四代の家系である。クヌムホテプ二世自身の経歴はといえば、彼はセンウスレト二世時代に王宮での覚えがめでたく、「王の財務官」、「真の王の友」、「王宮の世襲領主」という称号をもっていて、王家に対する彼の地位の高さを示している。

一方、彼の肩書きには、信仰の指導者としての地位も示されている。一般的に、知事は行政上の指揮者であっただけではなく信仰上でも指導者であったわけだが、クヌムホテプ二世の場合はそこに示された女神の名がわれわれの眼を惹くのである。

「祭司の最高監督者」、「ホルス神の祭司」、「アヌビス神の祭司」という肩書きに見るのは通常の神名であるが、「パケトの最高祭司」、「パケト神殿の祭事の長」、「パケトの館に女神を運ぶ長官」という称号に見る「パケト」は、私の考えでは、猫の女神なのである。

パケト信仰

バステトを示すヒエログリフは、封印した香油壺を核として他の文字を組みあわせた形であるが、パケトのヒエログリフは、神聖な建物の上に坐っているライオンの図を核として他の文字を補って作ってある（ヒエログリフは絵文字ではなくて表音を基本としている）。一方、コフィン・テキストにはパケトという神名が一度だけ出ていて、そこには（第四七〇節）「余は偉大なるパケトとして、鋭敏な眼をもち、鋭利な爪をそなえ、闇の中で見え、夜に獲物をとらえる雌ライオンとして、あらわれた」とある。すなわち、コフィン・テキストでは、パケトは雌ライオンとして認識されている。

この表現をそのままに受けとる人は、パケトは雌猫姿の女神ではなくて雌ライオン姿の女神であると主張する。私は別の考えかたをする。

私の考えはこうである。

第十二王朝期の最大農業地ファユームで家猫は生れ、活動した。その活動を見た上エジプトの州政府の幹部は、早速これを上エジプトにももちこみ、繁殖させた。流域の農業も生活も、猫のおかげで著しく向上した。彼らは猫をライオンの小形とみなし、ライオンと同様にバステトと呼んだ。やがて、彼らは猫専用の用語の必要を感じた。そこで、バステトから転化したパケトという女神名を作り、神殿を捧げた。女神となった猫は当然に独自の墓地をベニ・ハッサンにもつことになった。こうして、ベニ・ハッサンの墓地には、ベニ・ハッサンはもとより、近隣諸州からも猫を埋葬する人が殺到した。一九世紀中葉にここで発掘され、肥料になった三〇万体の猫のミイラは、そのとき学術調査が行われたならば、中王国時代のものであることが分ったはずである。

ではコフィン・テキストの表現と、ベニ・ハッサンの実情とはどう関連し合うかといえば、中央政府、つまり下エジプトのコフィン・テキストの編纂者（祭司と役人）は上エジプトのベニ・ハッサンの女神パケトの名声をきいて無視していられなかった。そこで、ただ一度だけこの女神名を採用した。ただ一度しか出ない女神、という奇妙な状況はそういう背景から生じたのである。

そのさい、中央政府の編纂者はもちろんエジプト語正書法を用いた。それはパケトという音を表示するものであって、それゆえに文字の一部にライオンの姿を用い、「パケトはライオンである」という説明まで付けたのである。

ここで正書法と内容（意味）との関連について少しく説明すると、単語にライオンがついているからライオン関係語であるとか、蛇がついているから蛇関係語であるとか、考えてはならないのである。顕著な一例は、まさにバステトをあらわすヒエログリフである。それは、第二十二王朝において歴然と猫を示しているにもかかわらず、ライオンを内容としていたときと同じヒエログリフを用いているのであって、猫の姿がかわるということはないのである。

そういうわけで、ベニ・ハッサンの人びとにとっては、公式説明が何であれ、正書法が何であれ、パケトという名称の内容は雌猫だったのである。上エジプトの州の自立性と個性はそれほど堅固だったのである。

パケトの神名そのもの（語義は「引き裂く者」であると述べるエジプト学者もいる）は、クヌムホテプ二世の墓より前に、同じ州の知事アメンエムハトの墓の銘文に出ている。これが女神パケトの銘文上の初出である。しかし、彼自身の肩書きと関連してではなく、妻ホテプトとの結びつきによってである。すなわち、妻ホテプトの称号別記のくだりに、「女神ハトホルの女祭司」という肩書きとならんで「谷の女王パケトの女祭司」という身分が示されている。いっぽう、同じ墓の壁画にも、妻ホテプトを描いた場所に、パケトの名が「ハトホルに対してふさわしいもの、パケトに対してふさわしいもの」という形で、二度出ている。

ところが、わがクヌムホテプ二世の場合は大いにちがっている。知事自身が「パケトの祭司」となっており、しかもその資格をいくとおりもの形で表現しているのである。もちろん妻のケティも「パケトの女祭司」という肩書きを持っている。このことは、クヌムホテプ二世が妻と一緒に、女神パケトを、つまり猫女神を篤く崇拝していたことを示すのである。

パケト信仰の誕生と発展の経過はどうかといえば、第十二王朝の二代目の王センウスレト一世の時代、すなわちベニ・ハッサンのアメンエムハト知事の時代に、猫女神の信仰がベニ・ハッサンではじまり、四代目の王センウスレト二世の時代（知事クヌムホテプ二世の時代）にその信仰は熱烈となり、猫をミイラにして埋葬する葬制がはじまり、ベニ・ハッサンは猫の聖地となり、他の州の猫のミイラもまたここに運ばれて、埋葬されたのである。

英明の知事であるクヌムホテプ二世は、側近に有能な画家をかかえていた。彼らは、知事の求めによってあの世でつづくべきこの世の生活を巧みに描いた。儀式、農耕、職人仕事、動物狩猟、一般動物図、魚撈《ぎょろう》など、テーマは多岐にわたるものであった。古代エジプトのすべての時代を通じてそうであるように、この時代にも、芸術作品に作者の署名はされなかった。

その作品の一つが、われわれの注目する最古の家猫の図であった。その絵は、いまでは著しく剝落していて、それと見定めることができないようになっている。いま、われわれがその絵を見ることができるのは、一九世紀末のイギリス調査隊報告書の彩色模写によっての彩色模写によってである。この模写をしたのは、イギリスの考古学者のハワード・カーターの報告書である。ハワード・カーター。一九二二年に、ツタンカーメンの墓を発見して不滅の人となるその学者である。彼は、イギリスの動物写生画家の息子として生れ、動物写生画を父にならってその方面の専門家となり、当初は考古学者の協力画家として活動をはじめたのであった。二〇世紀にはいって、考古学者としての道にはいったのちも、その画才はつねに生きつづけ、失職したある時代には、壁画模写図あるいは写生画を売って生活するということもあった。そういうカーターによって、ベニ・ハッサンの猫の絵は、模写されたのである。

カーターは、猫を模写しただけではない。彼は、猫についての考察をもまた、報告書の中に記した。彼以後の研究者のベニ・ハッサンの猫についての考察の基本資料となるその記述は、その全文を示す値打ちを十分にもっていると私は考える。大して長くはないその全文は、次のとおりである。

クヌムホテプの墓の、戸口の両がわに、はるかに大きいスポーツ〔酒井注＝狩猟・漁撈のこと〕風景がある（戸口の上には灌木ソンが描かれている）。一方の図では、クヌムホテプは二匹の魚をとっている。他方の図では、彼はパピルスの茂る沼地で鳥をめがけて投げ棒を投げている。前者の図では、ジェネット〔ジャコウネコ科ジェネット属の小形肉食動物。ジャコウネコのような香り袋はもたない〕をはじめその他のさまざまの小形動物が、餌を求めて、つまり巣の中の鳥を求めてパピルスの茎にのぼっている様を描いてある。一本の茎は横になっていて、そこに猫がいる。本報告書に描いたのは、その猫である。

エジプトの野生猫は *Felis chaus* であって、これは太い尾をもっている。長い、先細りの尾をもつ *Felis maniculata* は今日では南の方にだけ見られる。しかし今日よりも野生的であった古代においては、この猫はデルタ地帯も歩きまわっていたであろう。いずれにせよ、描いた猫は、*maniculata* の長い先細りの尾をもっており、ヨーロッパの家猫種はこれから出たものと考えられる。アンダーソン博士は、描かれたこの猫は、まさに現実の家猫であると考えている。新王国時代の絵では、家猫はしばしばスポーツをする人のそばで示されている。しかし、描かれたこの猫は、スポーツをする者とは無関係であるようにみえる。とはいえ、家猫が独りで歩きまわり、独りで狩りをする傾向が非常につよい、ということを思いあわせる必要がある。さらにまた、かりに芸術家が野生猫を描こうとしたのであったとしても、彼は家猫が十分に良いモデルであると考えたかもしれない。（ハワード・カーター）

ここに出てくるアンダーソン博士というのは、調査隊の中の唯一の動物学者であるジョン・アンダーソン博士（一八三三―一九〇〇）であり、この博士の指摘はとくに重要である（博士は詳細を一八九八年刊の著書『エジプトの動物学』に記した）。この指摘は、私の、家猫史考察の一つの支えである。

「一つの支え」といったのは、ベニ・ハッサンの墓が与える「支え」は他にもあるからである。

その一つは、墓室画に描かれた、主人の腰掛の下にいる小動物である。これは犬であろうか。猫であろうか。私は猫であると見る。とすれば、まぎれもない家猫の証拠がここにある、と私は主張したい。

次に、墓室画には、狩猟図の中で、パピルスの茂みで獲物を追う猫の図がみられる。これは猟人の同伴者としてパピルスの茂みに来た猫が主人を助けているか、あるいは主人の命令

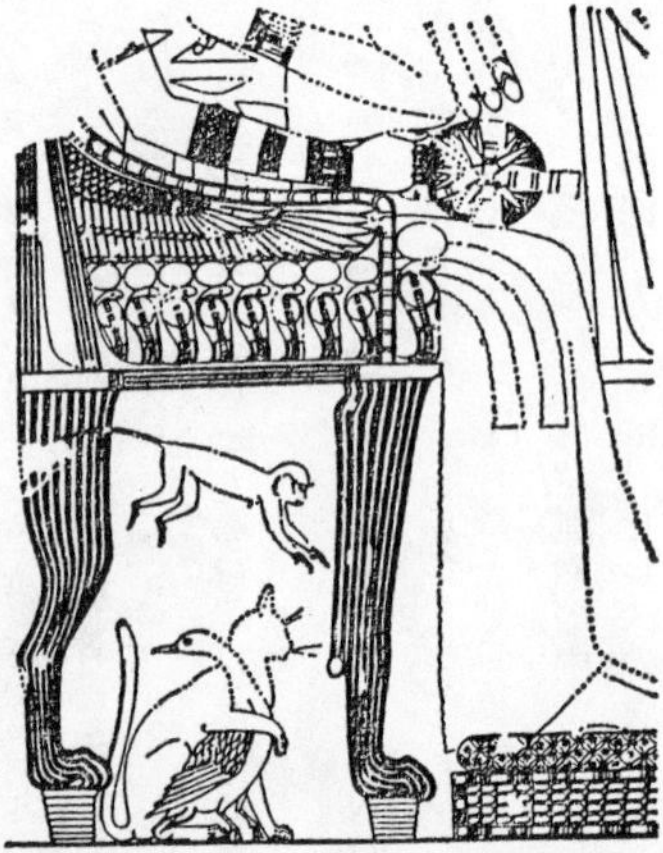

新王国時代の王妃と猫（第18王朝チイ王妃の墓室画、猫のほかに猿と家鴨がいる）

とは別に自分の好む獲物に迫ろうとしているかのどちらかである、と私は考える。

クヌムホテプ二世の墓室画のすべてに言及するのは、本章の目的ではないが、猫以外のテーマを、一つだけ扱っておきたい。「アジア人の行列」という絵である。これは、アジアからの使臣または商人が、土産または商品をもって知事を訪ねている図である。アジア人のエジプト来訪、しかもベニ・ハッサンという上エジプトまでの訪問ということは、もちろんベニ・ハッサンの威信を示すものであるが、同時にまた中王国時代におけるアジア人の来訪が頻繁であったことをも示唆するのであり、このような開放的な国際接触が、ついには異邦人ヒクソスの王朝（第十五、十六王朝）を生みだすこととなる。だから今日のエジプト学者は、ヒクソスの問題を論ずるとき、必ずクヌムホテプ二世の墓室画を引きあいに出すのである。

猫のミイラと棺

ヒクソス朝の時代に、ヒクソスは下エジプトを直轄統治したが、上エジプトを統治するテーベのエジプト王朝はある程度の自立性をもって存続した。第十七王朝と呼ばれるものが、これである。ベニ・ハッサンの知事はこれに属していた。猫信仰は、この時代にも局地的信仰としてベニ・ハッサンでつづいていた。

第十八王朝にはじまる華麗な新王国時代（第十八〜二十王朝＝前一五六七―前一〇八五）は猫信仰にとっても盛時であった。というのは、ベニ・ハッサンの女神パケトが王家の信仰神となったからである。そして、王家がベニ・ハッサンに女神パケトのための神殿をつくったからである。いずれもパケトにとって初めてのことであった。

最初に信者となったのは第十八王朝の五代目の王ハトシェプストであり、王はベニ・ハッサンに岩窟神殿をつくった。ハトシェプストは女性であるが「王」の称号をすべてそなえ、服装は、付け髭《ひげ》をはじめとしてすべて男性の「王」とそっくり整えていた。したがってここでは「女王」と呼ばずに「王」と呼ぶ（彼女の生涯については拙著『古代女王ものがたり』を見られたい）。

この神殿の銘文に、ハトシェプストは信仰心篤い自らを描き、損傷あるいは荒廃した全国の神殿を復旧したこと、名前も分らなくなった一神殿をさえ復旧したことを述べ、パケト神殿の建立については次のように記している（……は銘文欠損部を示す）。

猫のミイラ

「常に嵐の吹きあれる道のある東部砂漠の、まっただ中の谷を横切る偉大なるものパケト……女神の九柱神に由来するものをもって余はパケトのための神殿を建てた。入口はアカシアの木でつくり、銅によって細工がしてある。季節ごとに……。このことを祭司団は知っている。パケトの都は……余は神聖なる神殿をつくり、……から来るものをもって飾った。……供物台は銀、金、リンネルの箱、この地のすべての器によって飾られた。……」

ハトシェプストのあとに即位したトトメス三世もまたパケト神殿に工事を施した。ついで第十九王朝の二代目の王セティ一世がパケト神殿を復興し、信仰の文字を刻んだ。そこにはこう書かれている。

「セティ一世は母なるもの、偉大なるもの、ベニ・ハッサンの女王、パケトのための記念物を、断崖の裂け目にある秘密の谷の神殿の中に築いた」。

パケトにとっては、初めての「母なるもの」という形容は、セティ一世がいかに女神パケトを尊崇していたかを示すものである。

猫が死ぬと、ベニ・ハッサンの墓地にミイラにして葬られた。その中のいくつかは、幸いに一九世紀後半にまで残っていて、発見されたあとカイロ博物館にはいった。猫に限らず、同博物館の動物ミイラを初めて動物学的に全体の調査をしたのはともに、フランスの博物学者であるC・ガイヤール（一八六一―一九四五）とG・E・J・ダレシ（一八六四―一九三八）で、一九〇五年に公刊されたその報告書『古代エジプトの動物ミイラ』はこの部門について、今もって、唯一の総合報告であり、最も貴重なものである。当然に、私は本書の各章で、同書を引き合いに出すことになるはずである。

さて、ここでは猫のミイラだけに焦点をしぼらねばならない。ガイヤール・ダレシ報告は、猫のサイズ、ミイラの製作過程、猫の姿勢、包みものなどについて、興味ふかいデータをわれわれに提供する。幾重にも巻いた包帯、外部を猫の顔に似せて造った飾り、包帯の色を変えて交叉させる美的な巻きかた、などに、古代エジプト人の信仰と愛と美感が鮮やかにみとめられる。くわしくは、別枠記述の報告書要旨に見ていただきたい（番号は酒井が本章用につけたものであって、報告書の番号ではない。他の各章の場合も、方式は同じである）。

ガイヤール・ダレシ報告（猫のミイラ）

①　長さ三六センチ、幅八センチ。包帯の色は黄色で斜めの方向で非常に厚く、幾重にも幾重にも、巻いてある。頭部の飾りは消えている。一般に、猫をミイラとするには、まずナトロン（天然ソーダ）の水槽に猫をつける。ついで、樹脂にひたした包帯と布きれで猫をまき、外形を整える。それから、包帯を幾重にもまいて頭まで包む。頭には鼻孔、口、眼を彩色で描くこともある。耳はゴム液につけた三角形の布でつくった。

②　長さ二五センチ、幅六センチ。頭の下まで包帯は厚く巻いてある。頭には布製の二本の小ラッパ形のものが立っており、直立した耳をあらわしている。

③　長さ二八センチ、幅七センチ。非常に若い猫。黄色い包帯が斜めに幾重にも巻いてある。頭の両がわに布製の直立する二つの耳がある。

④　長さ三四センチ、幅七センチ。若い猫。頭まで、全身が褐色の包帯で幾重にも巻かれている。耳は、褐色に彩色された三角形の布で表現されている。

⑤　長さ五〇センチ、幅八センチ。四ないし五センチの幅でテープ状に切った厚ぼったい布で包まれている。猫の体は強く締めつけられている。外部には四肢が出ている。前肢は胸に沿って、伸ばされ、後肢は腹の上に曲げられている。

⑥　長さ二四センチ、幅七センチ。非常に若い猫。厚ぼったい布に包まれている。一個のウジャと二個の緑色真珠が一本の細い糸で首にさげてある。それ以外に飾りはない。墓地で多くの他のミイラが上に乗っていたので、このミイラをはじめいくつかのミイラは圧しつぶされて平たくなっている。

⑦　長さ三三センチ、幅六センチ。広い一枚の包帯だけで体軀を包んである。頭部は、せまい包帯を三回巻いてある。頭部には両耳と両眼と鼻が造形表現されている。耳はゴム質のものにつけた小ラッパ形のもので、眼と鼻は明るい布の円形物に底をつけて示されている。

⑧　長さ五二センチ、幅一五センチ。しばらくナトロンの溶液につけたのち、瀝青《れきせい》液〔編集部註：防腐用塗料〕の中に沈め、ついでさまざまの布で包まれている。その外がわで、二ないし三センチのテープ状の布が体軀を幾重にも包んでいる。四肢の位置が、これまでの例とはちがっている。前肢は胸にそって伸ばしてあるが、後肢は曲げかたが不十分であり、そのことによって全くちがった外観を呈している。

⑨　長さ五〇センチ、幅一〇センチ。広い黄色の布が体軀の全体を包んでいる。頭部を包んだ物の上に耳、眼、鼻がつくってある。鼻と眼は布製の円形物に底をつけて示されている。

⑩　長さ四〇センチ、幅九センチ。全身を多くの枚数の布で包んである。一枚の布の末尾の一部に次の布が重なるというやりかたで包んである。耳は赤褐色に彩色された布で作った小ラッパ形のもので表現されている。黒と赤の線が、一部は消えているものの、眼、鼻および毛の縞模様

を描いている。

⑪ 長さ三五センチ、幅八センチ。サイズが少し小さいということのほかは、⑩の例とすべて同じである。

⑫ 長さ三九センチ、幅九センチ。黄褐色の多くの枚数の布で包まれている。巻きかたはすべて斜めの方向に一致している。黒色の布が頭部から尾部の線にそって配置されていて、それが昔はところどころに四角形を形成していた。いまはその痕跡がいくらか見られるのみである。布の締めかたは初歩的であって、糸を交叉させて網状にしたものでおさえてある。頭部は入念に飾られていて、顔面部では黒色の包帯が明るい色の包帯と交互に置かれている。眼は布の円形物で作られ、黄泥の地の上に褐色で目立つように表現されている。

⑬ 長さ三〇センチ、幅七センチ。外がわの包帯は全部失われている。頸のつけ根に巻かれた五枚の黄色包帯が残っているのみである。頭部は白地の厚紙で包まれている。額には青い三角形が描かれている。眼は黄色で、黒で縁どりがしてある。耳は黄色であり、赤い縁どりをした黒線を伴っている。かぶりもの（クラフト）は、垂直の方向で青と赤が帯状に交互に置かれている。

⑭ 長さ五七センチ、幅一〇センチ。ミイラの全体は、非常に広いただ一枚の布で包まれている。包帯は、頸部で二本の黒い紐によって締めてある。眼と鼻孔は頭部の包帯の上に糊付けした布の小円形物で表現されている。

⑮ 長さ五五センチ、幅一一センチ。巧妙に装飾されており、外面全体が斜めの方向で巻かれ

た包帯で包まれている。この包帯の色は黒と明るい褐色の二色であって、その交叉によって多くの菱形をつくり出し、その菱形は半分ずつがちがう色を出している。すなわち、下部半分が黒であり、上部半分が明るい褐色である。頭部では、耳が、例によってゴム液につけた布の小ラッパで作られている。黒線が眼、鼻、口を描いている。

⑯　長さ四二センチ、幅八センチ。装飾はテープ状の明るい褐色を濃い褐色で仕上げてある。すなわち、二つの色は交互にあらわされて、いくつもの縞模様をつくりだしている。全体を締めているものは、頸部にある、幾本ものテープ状の黄褐色の巻きものである。

⑰　長さ三〇センチ、幅五センチ。そのサイズから見て、非常に若い猫である。ミイラは横巻きにした包帯で守られている。一部分は二重に巻かれている。

⑱　長さ四六センチ、幅八センチ。外面の包帯は横巻きであって、長い褐色の幾枚もの布である。頭部を巻いているリンネル布の上に、赤と黒の線が眼、口、毛の縞模様を描いている。布製の二本の小ラッパは立った耳を表現している。

ガイヤール・ダレシ報告には、ミイラだけでなく猫をおさめていた柩についてのデータも豊富にはいっている。そこには、杉、アカシア、エジプトイチジクなどの木製のものを主体にして、ブロンズ製のもの、さらに石灰岩製のもの（つまり石棺）も示されている。これらの材料のうち、杉はエジプトには産せず、レバノンから輸入されていた貴重な木材であった。そういう貴重材を古代エジプト人は惜しげもなく猫に捧げているのである。その形体と構造もさまざまである。これについてまた、くわしくは、別枠記述の報告書要旨に見ていただきたい。

ガイヤール・ダレシ報告（猫の柩）

① 杉製。高さ六四センチ、幅一四センチ。柩は坐った猫の形をしていて、真中から両がわに相称的に割れる仕掛けになっている。ただし、外観は猫というよりはライオンに近い。鼻面は短かく広く、顔は毛の頸飾りでかこまれ、耳は下の方が広く上はとがっている。体軀は白で塗られている。脇腹、爪などは赤を目立たせ、前肢のあいだの部分は青である。頸に、青と赤の真珠のついた紐がかけられている。台座の上部面は赤く、前部は帯状の青と赤の色で垂直に飾られている。二つの色のあいだには黒い線がひかれている。彫像はただ一個の木塊から作られたのち、二つに割り、内部をくりぬいたものである。ミイラははいっていない。

② アカシア製。高さ六〇センチ。柩は坐った猫の形を示している。別個に作られた前肢は失われている。下にある六本の釘は、今は失われている台座の上に彫像が乗っていたことを示している。漆喰の層全体が彩色されたようにはみえない。彩色部は、せまい包帯にしばられたリンネ

ル布にかこまれていた。ミイラは今も柩の中にあるが、保存状態は悪いようである。

③　杉製。高さ五四センチ。坐った猫の形の柩。外面はすべて白く塗られている。輪廓と細部は黒で目立たせてある。頭は黒ずんでいる。たぶん意図的にである。

④　エジプトイチジクの木製。高さ四九センチ。坐った猫の形で彫られたエジプトイチジクをくりぬいてつくった柩。耳は長く、先端で円味をおびている。短かい鼻面は別の木でつくられ、三本の釘で結合してある。彫像は前に示した例とちがい、二つに割れて開くというものではない。若い猫以外ではあり得ない内部のミイラは、彫像の頸に口をつくってそこから入れ、そのあと四角い板で蓋をしたのである。外面をおおっていた化粧漆喰はいまはほとんど剝げ落ちている。彫像の細部は黒線で示されている。仕上げはよろしくない。頭は余りに大きく、体軀は余りに立ちすぎている。

⑤　エジプトイチジクの木製。高さ三七センチ。坐った猫の形の柩。頭は完全に表現されているが、頸は前面の半分が鋸で切られ、その下の垂直部の切れ目と一緒になって、内部をくりぬくための入口をつくっている。前肢は体軀から離されている。外表面は化粧漆喰が施され、口髭と耳の毛が彫られている。彩色はない。柩はわずか一六センチの若猫のミイラをおさめている。柩は入念な仕上げである。

⑥　エジプトイチジクの木製。高さ一八センチ。開口部を含めて、前の例と同じ形式である。下部は、今は失われている台座にはまっていたはずである。外表面は白い化粧漆喰を施し、頭は

金泥を塗られている。髭、飾り襟の毛、耳の毛が彫刻されている。

⑦ 木とブロンズによる製品。高さ一八センチ。坐った猫の像で、内部は空洞。内部にリンネル布で包まれた小さな骨が乱雑にはいっている。体軀の下部は別個に作られた台座にはまっている。体軀と台座に、化粧漆喰が施されている。頸の上に、ブロンス製の猫の頭が乗っている。このブロンズ製品は入念に仕上げてあり、耳の下部に穴があいている。これはイアリングを通すためのものである。イアリングは残っていない。

⑧ エジプトイチジクの木の製品。長さ一三・五センチ、幅八・二センチ、高さ一三センチ。高さ七センチの木の脇腹に長さ九センチ、高さ四センチ、深さ五センチの凹みをくりぬいてある。凹みは若猫をおさめるためのものである。この木の上に、前方に向って、かなり粗雑に作られた猫の頭が立っている。外表面が瀝青の薄層を塗られていたことを示す痕跡がある。

⑨ エジプトイチジクの木製。長さ二五センチ、幅一四センチ、高さ一二・五センチ。長さ八〇センチ〔酒井注＝このサイズは報告書のミスプリントかと思われる〕の猫のミイラをおさめていた。棺は長方形であって、装飾はない。蓋は中高《なかだか》で、三方の側面に軒蛇腹《のきじゃばら》がある。内部をくりぬくさいに、取り去るべき木の量を示す限界の目じるしとして、製作者が間隔の近い一連の穴を錐で開けたのに気付く。ついで、製作者はこすることによって面を平らにし、限界の目じるしの穴を消した。蓋は四本の木釘でとめられていた。

⑩ エジプトイチジクの木製。長さ二〇センチ、幅一一センチ、高さ五センチ。幾枚もの板を

木釘で接合して作った小箱。上部は二枚の板が鈍角の切妻屋根をなす形で作られている。作品の仕上りは粗雑である。

⑪　石灰岩製。長さ三九センチ、幅二四センチ、高さ一六センチ。一方の端が円味をおびている石の槽。外面は粗雑に切られていて、磨きはかかっていない。内部はこれより入念に細工してある。囲壁の厚さは二センチ。底に二体の小さな猫のミイラが休んでいる。厚ぼったい包帯に包まれている。もとは沢山のミイラがあったかもしれない。下に液状瀝青を流したので、棺の底にそれが層をなしている。

⑫　石灰岩製。長さ二二センチ、幅一五センチ、高さ一一・五センチ。長方形の棺。凹みの深さは六センチ。囲壁の厚さは三センチ。蓋は中高《なかだか》になっていて、漆喰によって固定されている。内部に、長さ一五センチの小さな猫のミイラがある。細工は入念ではなく、面は平坦になっていない。

闇を退治する眼

読者は、猫のために石灰岩の柩をまで作ったということに強い印象を受けたはずである。さらに、この報告には記されていないことがら、すなわち、猫のミイラに多くの貴金属製護符もついた、ということも忘れてはならない。エジプト人の猫神崇拝は、それほど深かったのである。

猫神、それは信仰上の名でいうと女神バステトであるが、これは新王国時代にはとくに、闇を退治する神として崇拝された。太陽の進行を阻止する怪物、すなわち闇をつくる怪物は蛇の姿をした邪神アポピスであり、これを切って殺すのが、つまり光りの世界を取り戻すのがバステトなのであった。アポピスは新王国時代につくられた邪神であり、中王国時代にとくに高まった「闇への恐怖」の発展として生れた怪獣であった。一方、猫は人間の眼には闇と見える中でも物を見ることができる。それは、僅かな光りにも反射し、輝きを発する。それがエジプト人の眼には、闇を克服するもの、闇を退治するものとして映るのであった。バステトはこうして闇を退治する女神となったわけである。

こうして、『死者の書』でバステトは次のように描かれている。

同書第一七節では、オシリスの敵が打ち倒される夜、ヘリオポリスのペルセアという木のわきに猫が坐っている。雄の猫はラアそのものである、と文字は述べている。闇をつくる妖怪であるアポピスを刀で切り殺す猫の図も描かれている。この図は新王国時代に最も流行し、最も人気のあった呪文図であった。『死者の書』第一二五節では、死者はこう述べている。「驢馬《ろば》がカプトラアの家の猫に申した権威ある言葉を私は聞いた」。ここでは「権威ある言葉」とは闇を退治する呪文のことばのことであった。ある死者のための碑板には、これを死者のために建てた二人の女性の献辞として「二匹の猫にこれを捧ぐ」ということばが記してある。ここでも、あの夜の闇を、二人の女性に代る二匹の猫に退治してもらうという信仰と願いが示されている。

ここで、『死者の書』と新王国時代の図像の一般的状況について少しく説明しておきたい。『死者の書』は新王国時代の代表的宗教文書（あるいは葬祭文書）とされているが、これが唯一の宗教文書であったわけではない。『死者の書』のほかに『地下の書』、『二つの門の書』、『開口の書』というような文書もまたあって、いずれも大いに活用されたのであった。

また死者の書という呼称も一九世紀いらいのエジプト学の慣習であるが、正しくは古代エジプト語では「日の中に出るの書」であって、死者が闇から光りの中に出るための呪文と礼式指示の書なのである。同書の第一章の冒頭にはこう書かれている。

ここに、
魂が日の光りのまったただ中に向って
出てゆくことを語り、
それが精霊の中で復活することを語り、あの世の諸地域へ
進入し旅することを語る、

闇をつくる蛇を退治する猫

もろもろの章がはじまる。

『死者の書』について、さらに注意しなければならないのは、『死者の書』はピラミッド・テキストやコフィン・テキストにくらべると著しく短かいということである。全一四〇節にすぎない。英語やフランス語に翻訳されたものの量で示してみると、ピラミッド・テキストは大型本で一冊に、コフィン・テキストは普通サイズの本で三冊になっているが、『死者の書』は普通サイズの本で一冊に楽々とおさまっているのである。

このことは、もう一つの事柄と結びついている。

新王国時代には図像化が著しくさかんになったことをさきに記したが、この図像化活動の膨張（あるいは図像のインフレーションといっていい）は、文章を犠牲にして行われたのである。文章は短かくなったり、あるいは粗略に写されるという具合だったのである（それゆえ、第二十一王朝では図像とならんで文章も正しい長さと正しい内容で書けという王命が出され、こうして宗教文書はヒエログリフよりも易しい神官文字《ヒエラティック》で書くということになるのである）。

バステトにもどる。

バステトは雄猫のイメージをもつこともあったが、ほとんどの場合雌猫の姿で信仰されていた。雌猫としての神性は、音楽と愉悦に結びつき、楽器をもった姿のバステトが大いに人気を得た。

古代エジプトの猫には、日本でしばしば語られるような「化け猫」、「妖怪」、「恨みをもつ猫」という暗いイメージは全くなく、つねに明るい希望の女神であったということに、私は読者の特別の注意を惹かねばならない。

猫が薬物として珍重されたことも忘れてはならないことである。炎症治療の湿布剤として、猫の糞をロータス、水瓜《すいか》、甘いビール、葡萄酒とまぜあわせたものが用いられた。また、同じ湿布剤として、ガグブ鳥という鳥の卵と一緒に油の中で猫の子宮を温め、これを頭髪染料とまぜあわせたものも、使われた。また猫の脂肪は禿頭防止剤として用いられた。しかし、薬物を作るために健全な猫を殺すということは考えられないから、薬物材料は事故死の猫から解剖採取したはずである。医者は薬剤師を兼務していて、国家から給料を受けている公務員であり、そのような解剖と採取の権利をもっていたのである。

古代エジプトにおける動物と医療という問題は興味ふかいテーマであって、このあとの各章で私は該当動物の薬効について述べるはずであるが、概説的にいうと、医療薬品には動物製、鉱物製、植物製のものがあり、動物製のものがとくに多かった。用いられた動物のリストは次のとおりであった。

ライオン、河馬、鰐、狐、牛、子牛、鼠、ヤマアラシ、蛇、亀、トカゲ、モグラ、ハゲワシ、渡り鳥、雀、鳩、鵞鳥《がちょう》、鴨、雄鹿、ガゼル、羊、山羊、驢馬、豚、犬、猫、蛙、オタマジャクシ、サソリ、鰻《うなぎ》、電気鰻、蟹《かに》、メカジキ、駝鳥《だちょう》、バッタ、オオツチグモ、黄金虫、蜂、蠅、サナダムシ。

猫の薬効にもどる。猫の糞は医薬品となったのである。第十八王朝の医学パピルスは腹痛への処方として「猫の糞、ロータスいりのパン、水瓜、甘いビール、葡萄酒を混合して軟膏をつくり、湿布薬として患部に当てよ」と書いている。さらに、同じパピルスは、猫の脂肪のみで作った軟膏は神経痛に効くといい、猫の糞、犬の糞、クセトの木〔今日のどの木に当るかは不明〕の実を混ぜて作った軟膏はいかなる程度のフケ症をも治すと記し、カサブタのできた皮膚病については多くの治療薬を挙げ、その中に「猫の糞、犬の糞、鉛の断片」をこねて作った軟膏を記したのち、「猫の糞、豚の歯、犬の糞、サム油〔内容不詳〕、クセトの木の実〔前出〕をまぜて粉末状にし、これで軟膏をつくって患部に用いよ」と指示している。

猫の薬効は火傷《やけど》の手当にも活躍する。簡単な火傷のときは、猫の毛と菓子の断片をまぜて砕き、それを塗る。簡単でない火傷は、日ごとに使用薬は変ってゆくか、初日に、猫の糞、アメリカニワトコの実、ウア〔今日のいかなる植物に当るかは不明〕の穀物を一緒に水にいれてこね、これで得た軟膏を塗る。そのあと、五日目まで、別の薬物の使用となるが、初期に活動するのは猫である。

ネフルよ、ネフルよ

新王国時代におけるエジプト人の愛猫生活はどうであったかといえば——。

家猫は普及し、王家はもちろん、貴族も、さらに平民も、猫を飼っていた。猫は訓練されて、狩猟・漁撈にも一役買うほどになっていた。こうして、多くの「猫のいる風景」が描かれるようになった。とくに、第十八王朝の九代目の王、アメンホテプ三世の時代からその傾向は顕著になった。この王は多芸多趣味の、コスモポリタンの王であった（宗教改革の王、アメンホテプ四世＝アケナトンはその子である）。

すでに、中王国時代のエジプト人、とくに芸術家は猫の美しさに惹かれていたが、より洗練された芸術の時代となる新王国時代のエジプト人、とくに芸術家は、猫の美に打たれた。フランスの哲学者アランが「この世の美学的完璧品」とみなした猫を、古代エジプト人もまた、はるかな古代に、そう考えていた。

描かれた猫の絵の、いくつかをとりあげてみよう。

その一。パピルスの茂る沼地に二隻の船が乗り出している。一方の船の男はブーメランで一羽の鳥をとらえ、他方の船の男は簎《やす》で二匹の魚を刺している。一方の船に猫が乗っていて、男の足にじゃれている。他方の船は、絵に欠損部が多い。この欠損部に同じように猫が描かれていたことはほとんどたしかである。さて、この猫は、何のために船に乗っているのか。ただ友として乗っているのではないであろう。沼地へはいって水鳥を飛立たせる役目、あるいは、射ち落された鳥をくわえてくるという役目、あるいは水面に来る魚を叩いて動けないようにするという役目を、もっていると考えられる。

その二。この絵では、水鳥の遊ぶパピルスの沼に、猫がはいっている。これはその一の私（酒井）の解釈を補強する。

その三。六羽の家鴨《あひる》の列を、棒をもって指揮している一匹の猫——がこの絵に描かれている。棒をもっているのは擬人化であるとしても、家鴨の番をする猫が（番犬ではなくて番猫が）いたことを、この絵は示すと思われる（家鴨は鳩とともに、すでに古王国時代から家畜化されていた鳥である）。

「沼地に働く猫」というイメージは、われわれの知っている「水嫌いの猫」というイメージと調和しない。

パピルスの中にいる猫（第18王朝）

しかし、今日、沼地を居住地とし、魚をとるスナドリネコ（漁り猫）という種類が知られている。この種類は野生で、今日ではスリランカ、インド、インドシナ、タイ、マレー、の地方に棲んでいると動物学者は報告していて、こういう種類が現存していることは、エジプトの初期の家猫がその能力をもっている可能性を大いに高める、と私は考える。

王家にせよ、貴族にせよ、平民にせよ、その飼猫は、それぞれの名（愛称）をもっていた。エジプト人は、上下の階層を問わずネフル（美しい）という言葉を偏愛していたので、猫にはその言葉またはそれに類する名が好んで付けられた。ネフル、ネフレト、……といった具合に。エジプト人は、「ネフルよ、ネフルよ」とやさしく呼びかけながら、猫を愛撫し、猫と語りあった。「猫語が分りますか」というような標題の本が、最近はよく出ているが、人間の中で猫語をもっともよく解したのは、古代エジプト人なのであった。

現代の猫の愛称について興味ふかい一例を私はここで紹介しておきたい。古代エジプトに関連しているので――。

家鴨の番をする猫（第19～20王朝）

一九五八年に、フランスのバチスカーフ（深海潜水艇）を朝日新聞社が招いて、日本海溝の調査をしたことがあった。そのとき、私は同艇取材陣の一人であった。艇長はジョルジュ・シルヴァン・ウーオ中佐であり、西アフリカのダカール沖の深海調査の艇長として知られている人であった。当初から私たちは打ちとけて語った。あるとき、中佐は、家庭のことについて語った。

「家族は、妻と一人の息子と一匹の猫」と彼はいった。その猫の名が何とラムセスというのであった。彼の中にはラムセス大王（ラムセス二世）があったのであろう。さすがシャンポリオンの国だけあって古代エジプトの王名が猫の名になる、と私はある感懐を覚えたことがあった。

話のついでに、猫と親しんで三〇年近くなる私自身の猫についていえば、現住者は六匹で、トム、マギ、アンドレ、ルーシ、ピョートル、モモコという。この中でマギ（雌猫）はエジプト猫のスタイルと毛並に似ている。日本名が少いのは、人間の名に近くなったりして、いろいろとさしさわりがあるということによる。他に食事のために定時に通って来る二匹は、ミケとエンマという名がある。死んだ猫の名も洋名が多かった。ワルテル、カルコ、シャーリ、ボナチ、……といった具合に。念のために付け加えると、私の飼猫はすべて雑種である。

エジプトの猫の話にもどる。

実益上の、つまり農業上の猫の役割は中王国時代の猫の家畜化のときいらい、ますます大きくなっていた。新王国時代には、鼠についての嘆きはほとんどなくなっていただろう、とまで私は考える。それを根拠づけるのは『出エジプト記』である。

『出エジプト記』のできごとは、第十九王朝のラムセス二世とメルエンプタハの両王の時代とするのが一般の考えかたである。その時代に、鼠はいかなる立場にあったか。

モーセの率いるイスラエル人がエジプトを去る許可をとるまでは、多くの曲折があった。

神の助けによって、モーセはエジプトに災害を与え、その重なる災害のゆえに、エジプト王はついにイスラエル人の出国を認めることになるのだが、その災害とは次のようなものであった。

①ナイルの水質変化、②蛙の大発生と襲来、③ブヨの大発生と襲来、④家畜の疫病、⑤人と獣の膿腫病、⑥雹《ひょう》の襲来、⑦蝗《いなご》の大発生と襲来、⑧エジプト人の幼児と家畜の初子《ういご》の死。

このほとんどは、エジプト農業を破壊する災害である。ところが、農業の大敵であるところの鼠については、一言半句の言及もない。猫の普及によって、その時代には鼠の活動する余地はなかった。『出エジプト記』は、鼠に言及しないことによって、そのことを示している、と私は考えるのである。

わがヘロドトスはエジプトの鼠について次のような話を述べている(『歴史』巻二―一四一節)。

エジプトに祭司王セトスという者が在位した時代のことである。彼は武士階級を冷遇し、その特権を奪ったので、アッシリアの王センナケリブが前七〇一年にエジプトへ攻めてきたとき、武士階級はエジプト王を助けることを拒んだ。いよいよ敵はエジプトの東の要地ペルシウムにまで来た。エジプト王は神の助けを求めた。神は、敢然とアッシリア軍に向えば助けてやる、と夢の中で約束した。エジプト王は、わずかばかりの支持者をしたがえて、ペル

ヘロドトス

シウムに向い、そこに陣を構えた。その夜である。鼠の大群があらわれ、アッシリア軍を敗走させるのは！　ヘロドトスの記述はこうである。

「さてエジプト軍がこの地に達した後、夜になって野鼠の大群が敵陣を蔽うばかりに押し寄せ、その箙（えびら）、弓、さらには盾の把手まで齧（かじ）りつぶしてしまい、翌日敵は丸腰のまま潰走したため多数の戦死者を出すことになった」。

鼠がアッシリア人とエジプト人を区別できたというのは奇妙にみえるが、鼠は神の意を体してあらわれたのだから、アッシリア人にのみ害を加えたのである。

この話を、ヘロドトスはエジプト人から聞いたままに記しているわけだが、これが示すことは、鼠はエジプト人を恐れて遠のいたのに対し、非エジプト人（アッシリア人）には猛然と襲いかかった、ということである。したがって、私の解釈では、旧約聖書が「不記載」によって鼠害の不存在を示したのにつづいて、ヘロドトスは「記載」によって同じ事情を述べた、ということになる。

鼠退治については、生きた猫だけが貢献したのではなかった。死んだ猫もまた貢献したのであった。屋内の小鼠を駆除する処方として、第十八王朝の医学パピルスは次のことを記しているから。「猫の脂肪の香《にお》いを、すべてのものに付けよ」。死んでもなお猫は鼠の駆除に貢献したのである。

もっとも、古代エジプトの鼠の駆除が猫のみによって行われたといっては言いすぎになるかもしれない。鼠の駆除のための処方を示す第十八王朝の医学パピルスの一つ、有名なエーベルス・パピルスがその証拠の一つである。そこには、小鼠を駆除する方法として、ナツメヤシを粉末にしてこれを水に溶かし、この液体をいったん沸かしたのち人間が口にふくみ、口から屋内にまきちらせ、と書いてある。ナツメヤシはエジプト全土に豊富に茂っていたので、農民はこの方法も用い得たのであった。

尖鼠《とがりねずみ》という動物も一つの役割を果した。この動物は形が鼠に似ているのでこの名を与えられたのであるが、鼠のように齧歯目《げっしもく》に属しているのではなく、モグラのように食虫目に含まれている。この動物は虫を食い、時には小形鼠を食う。そこで、エジプト人は尖鼠の死体を鄭重《ていちょう》に扱った。こうして、カイロ博物館には、下エジプトのアブロアシュ出土のものを中心とする古代エジプトの尖鼠のミイラ用柩が、いくつもはいっている。ガイヤール・ダレシ報告に則って、そのいくつかを紹介すると、別枠記載のとおりである。

ガイヤール・ダレシ報告（尖鼠の柩）

①　尖鼠の柩　杉で製作。長さ一一センチ、幅四・五センチ、高さ四・五センチ、アブロアシュ出土。蓋は箱よりも少し広く、辷《すべ》り溝《みぞ》によって閉まるようになっている。蓋の上に尖鼠の彫刻があり、その鼻面は箱の下部にまで伸びている。箱の空間部は長さ八・三センチ、幅二・五センチ、深さ二センチである。ミイラはない。

②　尖鼠の柩　杉で製作。長さ八・三センチ、幅二・八センチ、高さ（記述なし）、アブロアシュ出土。①と似た形体と構造。ただし彫刻は入念であり、尖鼠の鼻面は立ち、口は裂け、耳の下に顎当てがついている。

③　尖鼠の柩　杉で製作。長さ七・六センチ、幅三センチ、高さ（記述なし）、アブロアシュ出土。①②に似た形体と構造。彫刻の尖鼠の鼻面は異常に大きい前肢の間にはさまって、箱の下部にまで達している。まるで犬のようである。ミイラはない。

④　尖鼠の柩　杉で製作。長さ一五センチ、幅四・五センチ、高さ四センチ、アブロアシュ出土。箱の空洞部の長さは一一・五センチ。蓋は、箱の溝に上からはまるようになっている。ミイラはない。

ブバスチスの「猫王」

猫の話をつづける。『出エジプト記』に記された出来事は第十九王朝のことであるが、その同じ王朝の時代に由来する一つのパピルスは、農業における猫の、もう一つの役割を示している。このパピルスは夢の解釈（夢占いといってもよい）について述べていて、いろいろの例をあげている。猫については、こう記している。「夢の中で大きな猫を見るならば、それは吉兆である。それは大豊作が来ることを意味する」。

新王国時代のあと、猫信仰と猫愛好のカーブは、いよいよ上に向う。そして、第二十二王朝（前九四五—前七一五）に到って頂点に達する。猫がこの時代ほどに光輝と栄光と幸福にみたされたことは、前になく、後にもない。こんどは、猫の都は中エジプトのベニ・ハッサンではなくて、下エジプトのブバスチスとなる。

ブバスチスという地名自体が猫に由来している。というのは、ブバスチスという地名は、他の多くの古代都市の名（たとえばヘリオポリス、メンフィス、クロコディロポリス、キノポリスなど）と同じように、ギリシア語化された名称であって、エジプト語の古代名はペル・バステト（バステトの館《やかた》）というのであったから。しかし、ブバスチスの地名が一般化しているので、ここでもこの都市名を使うことにする。

都をデルタ地帯の要地ブバスチスに置くこの王朝は、リビア人による王朝であった。リビア人が古くからリビア猫を知っていたこと、そのリビア猫がエジプトですでに家猫となって珍重されていることは、リビア人王朝にとってはまことに好ましい状況であった。この王朝が猫女神バステトを、他のいかなる神よりも高く崇拝するのは、きわめて自然なことであった（前五世紀のヘロドトスが猫の都、あるいは猫の墓地として、ブバスチスのみをあげ、ベニ・ハッサンに言及しなかったのは、ベニ・ハッサンの地名がすでに忘れられていたからであろう）。

とはいえ、ブバスチスは第二十二王朝のときに突然に大都市となったわけではない。また、リビア人は不意にここにあらわれたのではない。

ブバスチスは、その地勢上の利点から、すでに第四王朝のクフ王の時代から都市として重要な位置を占めていたのだった。だから、古王国時代の神殿礎石がここで発見されている。一方、ブバスチスは、デルタ地帯に移住する異邦人の主なる居住地でもあった。異邦人の中には東のカナン人も居たし、西のリビア人も居た。そして第六王朝末期に内乱がおきて古王国時代が終りを告げるとき、この異邦人集団が内乱要素の一つとなっているのであった。

第一中間期を経て第十一王朝によって中王国時代がはじまるが、第十二王朝は国際的な開放政策を一つの国是とした。第一中間期の混乱を完全に収拾したこの王朝は、地方行政制度を改編して王の支配を堅固にし、不良異邦人の叛乱の可能性を封じ、自信をもって開放政策をとったのである。外国の使臣はもとより、貿易商人や芸術家の入国は歓迎された。こうして、クレタ島の使者もアジアの商人も、数多くエジプトへ来た。

その開放政策のエジプトで、ブバスチスとその周辺は、異邦人の居留地として栄え、そのあと新王国時代にもブバスチスの重要性はつづいたのであった。

一方、ブバスチスの宗教史にとって重要なことは、第十二王朝期に女神バステトのための神殿がここに建てられたことである。神殿を建てたのは第十二王朝の初代の王アメンエムハト一世で、女神を「わが母なるバステト」と王は呼んでいる。そして、神殿は、そのあと同王朝のセンウスレト一世、同二世、アメンエムハト三世によって増築された。ただし、このときのバステトのイメージは古典的な雌ライオンであって、まだ猫の姿とはなっていなかった。

こうした歴史をもつブバスチスに、エジプト化した異邦人であるリビア人が、エジプト第二十二王朝を建て、そこに王都を開いたのであった。なぜリビア人はそんなに力をもつに至ったのかといえば――。

リビア人は尚武《しょうぶ》の民であり、古王国時代のエジプト王はこのリビア人との絶えざる小ぜりあいに悩んでいた。リビア猫がエジプトの農作物に群がる小動物に惹かれてエジプトへ来たように、リビア人もまたエジプトの富を求めてエジプト侵入をくりかえしたのである。中王国時代の王はついに大規模なリビア征討軍を派遣した。その中の最大のものが第十二王朝の初代の王アメンエムハト一世の征討軍で、指揮官は王子センウスレト一世であった。この征討軍の物語は第十二王朝の代表的文学作品である『シヌへの物語』に叙《の》べられている。

物語を要約するとこうなる。征討軍のリビア作戦中に、王の不意の死（たぶん暗殺）の知らせが来て急ぎ帰国せよという。反対派の使者も戦線に来て暗躍する。王子の側近幹部であるシヌへは思いがけぬ事態に困惑し、運命に導かれて戦線をはなれ、パレスチナに亡命する。一方、王子は祖国へ帰り、反対派の活動を封じて王位に就く。長い歳月が流れ、パレスチナで老いを迎えたシヌへは望郷の念切なるものがあり、王に帰国の許しを懇願する。王は許し、シヌへは帰国し、幸せに暮す……。

中王国時代の後も、リビアは断続的にエジプトの軍事行動の対象となった。しかし、エジプトに住みついたリビア人は、傭兵としてエジプト軍に奉仕した。第二十王朝のとき、そのリビア人傭兵は軍人階級としてかなりの勢力をもつに至った。一方、エジプト王の統治力は第二十一王朝の後半に至って著しく弱まり、権力が下エジプト（タニス）と上エジプト（テーベ）の二つに分裂した。そのとき、ブバスチス出身で、リビア人軍人階級の指導者であるシェションク一世が行動をおこし、権力を掌握し、第二十二王朝を開いたのである。そして、猫女神が第一級の女神となったのである。

シェションク王というのは、旧約聖書ではシシャクという名で出てくる王である（ブバスチスの名は、ペル・バステトの転訛したピベセトの名から出ている）。彼は対外的に威信を失っていたエジプト王の地位を、イスラエル攻撃によって示そうとした王である。旧約聖書にエジプト王が固有名詞として登場するのはこの王のみであるというのも、こういう事情による。時はイスラエルの盛時、ソロモン王の時代。ソロモン王に叛旗をひるがえしたイスラエルの指導者ヤラベアムを、まずシェションクは支持した。そして、ヤラベアムが敗れたとき、エジプトに亡命の地を与えた。ついで、ソロモンの死に伴って即位したイスラエルの新王レハベアムの時代に、シェションク王の支援によってヤラベアムはイスラエルに帰り、北部イスラエルを統一して一国とし、その王となった。国名はイスラエルであった。いっぽう、北部を失ったソロモンの子レハベアムはエルサレムを都とする南部だけを統治する王となった。この南部のほうの国名はユダであった。

ついで、エジプトのシェションク王はこういう国情のエルサレムに向って進撃し、エルサレムを破壊し、その宝物を奪った。『列王記』はそのことを次のように記している。「主《しゅ》の宮の宝物と、王の宮殿の宝物を奪い去った。彼はそれをことごとく奪い去り、またソロモンの造った金の盾をみな奪い去った」。

奪ってきたソロモンの宝物はエジプト王家の財政を大いに助けることとなった。暫く絶えていた大規模な神殿建造事業がはじまるのも、このソロモンの宝物に負うところが多かった（エジプト側の史料にソロモン王の宝物についての言及がないことから、ソロモン王の宝物のエジプト財政への寄与について多くのエジプト学者は沈黙しているが、フランスのエジプト学者ドリオトンは積極的にその役割を評価している。そして私も彼にくみする）。

シェションク一世の神殿建築はブバスチスをはじめ、ヘリオポリス、メンフィス、テーベなど全エジプトの重要信仰地に及んだ。とくにテーベのカルナクでは、神殿、記念碑のほか、「ブバスチスの回廊」と呼ばれる門も築き、そこに事績《じせき》と信仰の文字を刻んだ。

ブバスチスで女神バステトを崇拝していた彼がなぜカルナクのアメン神にそのような忠誠心を示したかといえば、下エジプトの支配者であるだけでなく、上エジプトの支配者でもあり、つまりは全エジプトの支配者であることを示すために、エジプト王の伝統にならって、カルナクのアメン神殿に建造物を寄進したのである。いっぽう、エジプト王の伝統を尊重する彼は、王のもつ五つの称号を自分自身にも与えたのであった。それだけではない。彼は、宝物を掠奪されたテーベの王家の谷の、惨めになった諸王のミイラを棺におさめ、二ヵ所に集合的に再埋葬したのである。一ヵ所は王家の谷の第十八王朝のアメンホテプ二世の墓の中であり、他の一ヵ所は、デイル・エル・バハリの第十一王朝の墓の中であった（この集合再埋葬は三〇〇〇年のあいだ平和を保ち、一九世紀末に盗掘される）。

ブバスチスの女神バステトのほうはどうしたかといえば、シェションク一世は、もちろんこの女神のための神殿を建てた。新王朝の初期であったせいもあって、大規模なものではなかった。次の王オソルコン一世はこれを著しく拡張した。そのあとの諸王はその信仰を維持し、わずかずつ神殿増築をした。七代目の王のごときは、猫に直結する王名を自らの名とした。彼の名はペマウ（またはパマイ）と呼ぶが、これは『猫』（マウ）の名を人称化したものので、いわば「猫王」という名称であったのだ。「猫王」と名乗ったのは全エジプト史のなかで彼ただひとりである。

神殿には一〇人前後の祭司が常住し、神殿財産の維持管理、祭事主催、墓地監督に当った。神殿には少くとも五匹の神猫が飼われていた。これの飼育、衛生管理をするのも祭司の仕事であった。常住の祭司は、それぞれの専門分担をもち、その職務を執行するのであり、神猫分担の祭司は、もちろんいたのである。いま「五匹の神猫」と記したが、「一匹の母猫と四匹の仔猫」はねがわしい数と考えられていたのである（その一母四子をあらわす彫像が、かなり多く発見されている）。

バステトの祭り

バステトは「神々の王」あるいは「ブバスチスの女神」と呼ばれ、「父ラアをまもるもの」という輝かしい名称も付与された。それらの名称を刻んだ多くの石片（つまり神殿の残存物）が一九世紀末のブバスチス発掘（スイスのエジプト学者エドワール・ナヴィルによって一八八七―八九の三年間にわたって行われた画期的な発掘）のさいに発見されている。神殿の遺物の一つは、「バステトはエジプトの領地をふやして王オソルコン一世に与える」という銘文をとどめていた。神殿の規模は残念ながら、その時の発掘およびその後の調査によっても、確定されていない（長いあいだの乱掘のはげしさを想像していただきたい。このことは、あとでもう一度触れる）。

しかし、一九世紀末の発掘のさい、バステト神殿から少しはなれたところに、ブバスチスの三神（バステト、テフヌト、セケト）に捧げた小神殿の跡が発見され、そこからいくつかの断片碑文が出てきて、これが一つの手掛りを与えることとなった。その碑文にはオソルコン一世が莫大な経費を投じて各地の神殿建造に努力し、莫大な金銀その他を神々に献納したことが記してあった。それを要約すると——。

◇ヘリオポリスのアトゥム・ケプリ神殿のために〔アトゥム・ケプリ神は黄金虫で示される神〕。
鍛造した金によるスフィンクス、一体〔王の顔をあらわしていたはず〕。
真のラピス・ラズリによるスフィンクス、一〇体。
金　一万五三四五デベン〔一デベンは約九一グラムに相当〕。
銀　一万四一五〇デベン。
真のラピス・ラズリ〔量の部分は欠落〕。
◇ヘリオポリスのラア・ハラクテ・アトゥム神〔太陽神〕のために。
金　五〇一〇デベン。
銀　三万七二〇デベン。
真のラピス・ラズリ　一六〇〇デベン。

黒色銅　五〇〇〇デベン。
◇ハトホル女神〔牝牛の姿で示される女神〕のために。
一〇万デベンと等価の祭壇。
◇ムート女神〔ハゲワシの姿で示される女神〕のために。
金と銀およびシェク器〔形状用途不詳〕一個。
◇ハルサペス神〔羊の姿を持つ農業神〕のために。
金と延銀、シェク器一個、および延銀づくりの祭壇。
◇ヘルモポリスのトト神〔トキの姿で示される知識神〕のために。
金と銀、およびシェク器一個。
◇〔地名不詳〕のトト神のために。
金とシェク器一個。
◇〔神名不詳〕の神のために。
金と銀〔量の部分欠落〕。
金〔量の部分欠落〕。
銀　九〇〇デベン。
黒色銅　三万デベン。
◇ラア神殿〔ラアは太陽神〕のために。

金〈リストの部分欠落〉。
銀ドゥ器〈形状用途不詳〉三個。
供物台、三脚。
小祭壇、一七脚。
カルトゥシュ器〈形状用途不詳〉一個。
椀、二個。
祭壇　一〇脚。
ヒン容器〈形状用途不詳〉一個。
鶴首状の口のついた器　一個。
水差し　一個。
銅ドゥ祭壇〈形状不詳〉三脚。
鶴首状の口のついた器　一個。
猿形トト神像　二体。
祭壇　六脚。
四層釣り香炉。
金〈リストの部分欠落〉。
ラピス・ラズリ〈リストの部分欠落〉。

〔品名不詳〕三三万二〇〇〇デベン。
献納品の総計は五九万四三〇〇デベン。
◇アメン・ラア神〔羊の姿で示される太陽神〕のために。
金　一八三デベン。
銀　一万九〇〇〇デベン。
金〔製品名の部分欠落〕。
金製祭壇一脚と金製四層釣香炉一個。
◇ブバスチスの女神、バステトのために。
金と銀、およびシェク器一個。

このような豪華な神殿寄進リストを見て、大変な誇張ではないかと思いたくなる人がいるにちがいない。しかし、発掘者のナヴィルはいう。「誇張ととるべきではない。事実なのである。オソルコン一世の時代はそれほど安定し、それほど繁栄していたのである」。また、ナヴィルのあとで、その碑文をナヴィルよりも入念に整理し、解読を完成したアメリカのエジプト学者、ジェイムズ・ブレステッドは、これを「第二十二王朝の大いなる富と繁栄の証拠を示す重要な証拠」とみなしている。いま、私もまた、これらの先学の評価に完全な同意を示そうと思う。

豪華なリストの中で、肝腎のバステトのための寄進の記述が、アメン神、ラア神関係に比べて質素にみえることについては、次のことを承知しておかねばならない。

第一に、第二十二王朝のリビア人の王は、全エジプトの王であることを公式に誇示するために、中王国いらい王家の主神となったアメン神、およびこれと太陽神（ラア、ホラクティ、アトゥムという名称をもつ）を結合した神を、前面に押しだす必要があったのである。

第二に、宗教はつねに政治状況と密接につながっていたのであって、リビア人の第二十二王朝の前の第二十一王朝は、テーベのエジプト人祭司が王権をにぎった時代であった。テーベの祭司はアメン神とこれにつながる太陽神を奉じて上エジプトの統治実権をもっているので、上エジプト政権との融和のために、下エジプトのリビア人政権は上エジプトの信仰尊重を誇大なほどに示したのである。

第三に、（これは第一、第二の事情ともつながるが）ブバスチスのバステト神殿に関する記述には、エジプト王としては珍しく、一種の「抑制」があったのである。

かくして、われわれは、バステト神殿の豪華さと、これへの王家の寄進は、アメン神殿に及ぶほど豪華だったということを疑う必要がないのである。アメン神、ラア神関係に記された豪華な寄進リストを、バステト神殿のものと振りかえて読んでも逸脱ではないのである。そういう経過があったればこそ、彼のあとのオソルコン二世は、「王位更新祭」でバステト神殿の大ホール増築を誇らかに記録に残したのである。そしてこの王の時代にブロンズ芸術がとくに盛んになったということも忘れてはならない。

要約していえば、第二十二王朝は、公式レベルと全国レベルではアメン神とその合成神を主神とし、個人的レベルと地域的レベルでは王都であり信仰地であるブバスチスの猫女神バステトを崇拝したのであった。

ブバスチス神殿の豪華さ。われわれはそれをもっと的確に知ることはできないのか。ここでもヘロドトスがわれわれを助けてくれる。彼が前五世紀にエジプトを訪ねたとき、バステト大神殿は本来の規模を保っていたのである。彼は述べる――。

「この神殿ほど見る眼に快い印象を与えるものは他にはない。（中略）神殿は入口以外はすべて島になっている。ナイルから二本の運河が入り込んできているのであるが、これは合流することなく、それぞれ聖域の別の側をめぐって流れ、神殿の入口に達している。その幅はそれぞれ百フィート〔約三〇メートル〕あり、木蔭に蔽われて流れている。楼門は高さが十オルギュイア〔約一七・七メートル〕あり、六ペキュス〔約二・六メートル〕もある見事な彫刻で飾られている。この神殿は町の中央にあるので、周囲を廻りながらどの方向からも眺めることができる。町は土を盛って地盤が高められたが、神殿は昔造営されたままで手を加えていないから、上から俯瞰するようになるのである。神殿の周囲には、彫刻を施した塀がめぐらされており、塀の内には、神体の像をおさめた壮大な本殿をめぐって、巨木を植えた森が茂っている。神域は縦横いずれの面も、一スタディオン〔約一七七・六メートル〕ある。入口に面しては、およそ三スタディオン〔約五三二・八メートル〕にわたって石を敷きつめた参道が通じており、この道はアゴラを貫いて東方に走っており、道幅はおよそ四プレトロン〔約二八・四メートル〕ある。道の両側には天を摩す大木が聳え、道はヘルメスの聖域に通じている」。

神体の像は、もちろん雌猫の像であり、神像はシストラという楽器をもつ立姿で造られていた。シストラというのは、ガラガラに類する楽器で、踊りの伴奏をする楽器、つまり調子をとる楽器として、エジプト人にもっとも広く愛用されたのであった。一方、シストラそのものは、上部に猫の像の飾りをつけていた。

猫女神バステトのための祭りは、毎年、ナイル氾濫のはじまる六月、つまり農閑期のはじまるときに、行われた。その祭りはエジプトの数多い祭りのなかでも盛大な祭りであり、その盛大さは民衆の加わる大祝祭であるということによるのだった。バステトは民衆の女神として親しまれ、その祭りは民衆の祭りだったのである。その祭りのにぎわいを、ヘロドトスの描写に見よう。

「ブバスティスの町に参集する時の模様はこうである。男女一緒に船で出かけるのであるが、どの艀《はしけ》も男女多数が乗り組む。カスタネットを手にもって鳴らす女がいるかと思えば、男の中には船旅の間中笛を吹いているものもある。残りの男女は歌をうたい手を叩いて拍子をとる。船がどこかの町を通る時には、船を岸に近付けて次のようなことをする。女たちの一部の者が右にいったようなことをしている一方、ほかの女たちは大声でその町の女たちに呼びかけてひやかし、踊るものもあれば、立ち上って着物をたくしあげる者もある。岸沿いの町を通過するごとにこんなことをするのである。さていよいよブバスティスの町に着くと、盛大に生贄《いけにえ》を捧げて祭を祝い、この祭で消費する葡萄酒の量は、一年の残りの期間に使う全消費量を上廻るのである。この祭に集まる男女の数は子供を除き、土地の者たちのいうところでは、総数七十万に達するという」。

ここに示された葡萄酒の量と七〇万という人の数は、まことに迫力にみちている。人数についていえば、子供を含めると、たぶん一〇〇万人に近い数となる。ファラオ時代後期のエジプトの総人口は四〇〇万前後と推定されているので、四人に一人がブバスチスに集まったということになる。何という人口動員力であろう。ブバスチスの祭り、女神バステトのための祭りは、それほどの引力をもち、それほどの人気をもっていたのである。いいかえると、猫がそれほどの人気をもっていたということである。

バステトの祭りのとき、先頭に立つのは神殿から出た神像（台にのせてある）であり、これは神殿付きの祭司がつきそっていた。専門の楽師団と踊り手のグループがこれにつづき、そのあとに民衆の列がつづき、歌いつつ、踊りつつ、市の内と外をねり歩くのであった（それを見る大群衆もまた祭りの参加者であった）。古代エジプト人は歌と音楽と踊りの情熱的愛好者であり、彼らはそこに生きる歓びをひしひしと感ずるのであった。その愛好心も、源にさかのぼれば、信仰に由来するものであった。エジプト人の信仰では、歌と音楽と踊りを創りだしたのは神であり、神にこれを捧げることは神を歓ばせることになるのであった。バステトが猫女神となり、歌と音楽と踊りの女神として特定されるより前には、歌と音楽と踊りは神全体と結びついていたのだった。

使われる楽器は右に述べたシストラをはじめとしてカスタネット、リュート、シンバルなどさまざまであった。一方、踊りをする者は、立ち姿の所作だけでなく、とんぼ返りをしたり、組みあってアクロバチックな動きをみせたりした。われわれは、日本の祭りを例にとれば、神社のおみこしの行列と阿波踊りのざわめきを混成したものという形で、いくらかバステトの祭りを想像することができるかもしれない。まことに、そのざわめきこそ、歌・音楽・踊り・愉悦の女神であるバステトを祝う祭りにふさわしいのであった。

猫の墓

バステトの役割は、この大祭で民衆を歓ばせ、民衆を救うということだけではなかった。バステトは日常生活で呪《まじな》いの力をもつものとみなされ、猫姿の護符あるいはペンダントを人びとは携行するのであった。新婚の夫婦の場合、この護符またはペンダントの図像には、ほしい子供の数だけ猫が描かれるのであった。そのとき、猫女神は出産の神でもあった。

ところで、バステトという名は女神名であって、猫そのものをさす名称ではない。生活の同伴者としての動物となるとき、中王国時代いらい猫はマウ（またはメウ）と呼ばれるのであった。これは明らかに猫の鳴き声に由来する擬音名称であり、エジプト人の耳には猫の鳴き声はマウとかメウとかに聞えたのである。

猫の鳴き声をM音ときくのは、エジプト人から家猫を供給されたヨーロッパ人の通常の耳であるらしい（日本人の耳には猫の鳴き声はN音であってニャンとかニャーオとかに聞えるのであるが――）。猫は英語ではミュー（mew）と鳴き、フランス語ではミオレ（miauler）となる。

エジプト人のマウにもどると、このマウということばが「見る」ということばと同音であるというのは意味ふかい。猫は「見る」ことにおいて抜きんでた能力をもっているということと、明らかに結びついているのである。ただし、音は同じであるが、ヒエログリフではそれぞれ別の文字を用いて「猫」と「見る」を区別している。

猫の黄金時代、第二十二、二十三王朝の時代に、エジプト人にとっての猫は、今日の人がペットと呼ぶもの以上の存在であり、不可分の生活同伴者であった。猫には、もちろん、それぞれの固有の名（愛称）が与えられた。エジプト人は人間につける名と同じものを猫につけた。人間の膝の上にのぼって咽喉を鳴らすのはもとより、時には美しい女性のドレスを汚したり傷をつけたりすることもあった。それでも、猫はわずかな叱声を受けるだけであった。

貴人の墓室の画に、主人の腰掛の下にうずくまっている猫や主人と並んでいる猫が見られるのは、そういう人間と猫の親密さをあらわす一つのしるしである。エジプト人は、この世における姿をそこに描き、それと同じように、あの世でもまた、猫との楽しい共同生活を営みたいと願っていたのである。

一般家庭の猫は、人間の食糧に影響を及ぼすほどの餌を求めなかった。猫は外で捕えた獣を主たる餌としていたから。上流の家庭では、猫は餌に格別の面倒をみてもらった。パンとミルクと薄切りの川魚が、その主たるメニューであった。

故意に猫を殺したときは死刑に処せられるのが法のきまりであった。法といっても、刑法として文章化されたものがあったわけではなく、宗教の法として、あるいは習慣の法として、そういう刑罰がきまっていたということである。エジプト人の愛猫心の深さを考慮すれば、実際にエジプト人が「故意に」猫を殺すということはあり得なかった。したがって、それはエジプト在住の異邦人を考慮しての法であった、ということができる。死刑は、砂漠の中に追放するとか、鰐に食わせるとかの方法で行われ、自殺による死刑という方法もあった。

猫を殺したとき、その行為が故意でないときも死の報いを受けたという一つの例が、プトレマイオス十二世（クレオパトラ女王の父）の時代のものとして、ローマの史家ディオドルスによって次のように報告されている。

猫に関しては、事故によってであろうと、悪意によってであろうと、猫を死に至らしめた者は、自らも死に追いやられる。彼が裁判にかけられて、判決を受けるよりさきに、民衆は彼に向って突進し、乱暴する。この神聖な動物に対する迷信は深くエジプト人の魂の中に根をおろしており、この動物に対する献身は熱烈である。プトレマイオス・アウレテス〔エジプト王プトレマイオス十二世〕がまだローマに対して同盟していなかったころ、エジプト人はイタリアからの来訪者を歓迎することに熱心であり、ローマとの関係についての配慮から、ローマからの苦情や断絶をおこすおそれのあるできごとを注意深く避けていた。そういう時代のあるとき、一人のローマ人が一匹の猫を死に至らしめた。民衆は「殺戮」をおこなったそのローマ人の家に殺到した。彼を助けようとしてエジプト国王が派遣した治安官たちの努力も、ローマの威力が呼びおこす一般的な恐れの念も、この男の命を助けることに役立たなかった。彼の為したことは偶発的なことであったということが認められたにもかかわらず、であった。これは風聞にもとづいて私が書いている事ではなくて、私自身がエジプト滞在中に目撃したことである。

エジプト人自身の経験する「猫の死」は自然死と事故死の場合だけであった。自然死の場合、飼主の家では家族全員が眉を剃って喪に服した。事故死の場合、情状によって、飼主は祭司から量刑をいいわたされた。飼主は自らの深刻な悲しみという刑のほかに、たとえば「こんご猫を飼ってはならぬ」という判決を受けるのであった。

猫が死んだときには、鄭重にミイラとし、いったん居住地の墓地に安置したのち、猫の天国であるブバスチスの墓地に移すのであった。王家や財力ある貴族の猫の場合は、金や宝石で飾られて埋葬されるのであった。

中王国時代の猫の最大の墓地ベニ・ハッサンで三〇万体の猫のミイラが発見されたことをさきに見た読者は、当然このブバスチスの猫の墓地の壮大さを想像するはずである。そして、一九世紀末に考古学者の発掘がおこなわれたとき、そこに何が発見されたかを、大いに知りたくなるはずである。そこで、エドワール・ナヴィルの報告書の中の「猫の墓」の章の要旨を左記に示すこととする。

まず、彼より前の過去に、いかに乱掘されたかについての描写がある。

「テル・バスタ〔バステトの岡を意味する〕の岡の西側に立ってザガジグ〔ブバスチスから約二キロの地〕のほうを眺めると、眼前に数エーカーの地がひろがっている。この地は長いあいだにわたって徹底的に掘り荒されたのであった。蜂の巣のように多くの穴が掘ってあり、そのわきに山のようになった猫の白骨がみえる。この地は、農民が思いのままに処理できる最も生産的な鉱脈だったのである。彼らは、ここで、多くのブロンズの猫を掘りだし、それがカイロの商店にあふれたものであった。また彼らは、ここで、ロータスの花を頭に頂いている女神の立像（そしてロータスの花からは二本の羽根が、すなわちバステトの息子ネフェルトム神が姿をみせている）を、数多《あまた》掘りだしたのだった。かくして、この猫の墓地は掘りつくされたものとみなされていたのである」。

ナヴィルより一年前にこの地に来たイギリスの考古学者ウォーリス・バッジの経験をここで記しても、話の筋を乱すことにはならないであろう。彼は大英博物館の職員であって、博物館の陳列品拡充のためにエジプトの遺物入手を命ぜられて、エジプトへ来たのであった。アレクサンドリアからカイロに向う鉄道旅行のさい、ブバスチスで経験したことは彼の著書『ナイルとチグリスのほとりで』に記されているのであるが、それは次のとおりである。

「ザガジグでは、駅は原住民でごったがえしていた。私のような異邦人には、すべての風景が興味ふかいものであった。古代の都市ブバスチスの古代遺物を扱う商人どもが、線路の両側から汽車の中へよじのぼってくるのであった。三十分の停車時間のあいだに、私はそれらを買うことで楽しんだ。美しいスカラベ〔タマオシコガネの形をした護符〕を数個と、猫の頭をつけた女神バステトの良い像を数個、私は買いいれた。スカラベは一点が二ないし三ピアストルであり、バステト像は一点あたり一ピアストルであった。これは、古物を買いいれる仕事として初めての経験であり、交渉は主として身振り手振りで行われた。もちろん、私は高く払いすぎた。しかし、私は善意の友を得ることもできた」。

ここで買いいれた物が真正なものか偽物であったのかは明記されていない。実はこの取引で、彼は偽物をつかまされたのである。「高く払いすぎた」という記述はそのことの表現である。ブバスチスから出た真正品はすでになくなっていて、偽物の「ブバスチス出土品」が横行していたのである。

一八八七年に、ナヴィルの発掘のシャベルが動いたのは、そういう場所なのであった。過去に掘った穴はナイルの氾濫の水がはいる場となり、そのため内部に残ったかもしれぬ遺物はこわれるか消えるかする運命をたどった。だから、ナヴィルの調査隊は、過去の穴よりもはるかに深くまで掘らねばならなかった。一見すでに地床とみえるその深い層にも、はるかに古い掘り穴が多くみつかった。ああ、長いあいだの、この墓荒しの烈しさ！

それでも、さらに深く掘って、調査隊はいくつかの遺物を発見した。まず、ブロンズの猫。その中のいくつかは座っている猫、他のいくつかは猫の頭部だけをあらわしていた。それらは保存状態が悪かった。他にただ一個だけ、興味ふかい姿を十分にみせている作品があった。ほっそりした女性の体軀をもち、頭が猫となっているバステトの立像で、像は長いドレスをまとい、一方の手にシストラを、他の方の手に籠をもち、足もとには四匹の仔猫がならんでいた。

猫そのものはといえば、地上に山となっていた白骨についてはすでに記したが、古代の穴の深部にも骨はあった。これは、古代に埋葬された位置にある猫なのであった。一つの穴のごときは、二〇メートル立方の量に及ぶ猫の骨をおさめていた。その穴をみたしていた猫の数の大きさを、それは雄弁に物語るものであった（残念なのは、ナヴィルの調査報告がいわば「文学的」であって「資料的」でないということである。したがって、発見された猫のブロンズの総数も、猫の墓のサイズも位置関係も不明である。すべての出土品を大切に扱い、入念に記録するあのイギリスのピートリが、この発掘に当っていたなら、もっと充実したデータを、われわれはもつことができたであろう）。

ブバスチスの墓地全体におさめられた猫の数はどのくらいになるだろうか。ナヴィルはそういう計算をしてみせなかったが、ここで私（酒井）が試算をしてみる。

末期エジプトの人口は約四〇〇万人であったから、一戸を四人平均の家族とおさえると、一〇〇万戸をかぞえる。一戸に平均一匹の猫が飼われていたとすれば（それは大いに可能性がある）一〇〇万匹の飼猫がいたことになる。多くの誕生、多くの死亡――その変動の加減で、時として一〇〇万匹をこえたり、下まわったりしたかもしれないが、平均水準として一〇〇万匹という数字を考えてよいであろう。

死んだ猫の、すべてとはいわぬまでも、ほとんどがブバスチスの墓地に運ばれたということ、猫信仰のブバスチスの王朝が約二五〇年間にわたって統治したということ、ブバスチスの時代がおわったのちも、ローマ時代にはいっても、猫の埋葬儀礼はつづいていたということ――をここで思い合せていただきたい。ブバスチスの墓地にはいった猫は数百万という厖《ぼう》大《だい》な数に達するはずである。そしてブロンズの猫像は、少くとも数万、たぶん数十万という量でここにはいったはずである。

ナヴィルの発掘調査の話にもどる。発見された猫の種類については、さまざまの意見が出されたが、ナヴィルはヌビア種であるとする説を支持した記述をし、この猫は上エジプトとエチオピアに多い種類であると述べた。しかし、その後の動物学者の分析で、猫はリビア種であることが明らかになっている。

古代の穴から、焼かれた猫の骨が発見されたこと、そしてミイラの実物が出なかったことは、ナヴィルを困惑させた。そこでナヴィルは、ベニ・ハッサンでは猫がミイラとして埋葬されたのに対し、ブバスチスでは猫が火葬に付されたのではないか、との仮説をたてた。

これは奇妙な仮説であり、今日のエジプト学者は例外なくこの仮説を否定している。なぜなら、人間にせよ、動物にせよ、肉体を焼くということは肉体を破壊することであり、肉体（ミイラ）をそなえてあの世の永生を願い信ずるエジプト人にとって、それは葬いかたとしてあり得べからざることなのである。

いっぽう、ナヴィルは焼け跡のある他の墓地についての認識をもっていなかった。彼のあと、上エジプトのアビドスやデイル・エル・メディナの墓で火事の跡が発見され、何かの事故による火災あるいは墓盗人の犯罪のさいの失火または放火という事情が明らかになるのである。とりわけ、墓盗人による火事という場合が多かったのである。墓盗人の活動は必ず夜であり、灯火を携行していた。古代においては、灯火は懐中電灯のような安全なものではなく松明《たいまつ》などによる火そのものであった。作業をおえたあと、うっかり落した火のために火事になることもあり、あるいは故意に仕事の跡を消すために火を付けるということもあったわけである。さらに、墓の火事については ミイラ泥棒のことも忘れてはならない。ミイラが薬物として珍重された中世以降、ミイラを焼いて粉末にすること、つまりミイラ薬物をつくるということがしばしば墓そのものの中で一挙に行われたのである。

こういう次第で、ナヴィルの仮説は成りたたず、ブバスチスの猫墓地では、ベニ・ハッサンの猫墓地と同じように、すべてミイラとなった猫が葬られたのである。

なぜ、ベニ・ハッサンほどにブバスチスに猫のミイラが見つからなかったかということの説明は容易である。

第一に、ブバスチスの猫の墓はエジプト史で他に例をみないほど豪華であり、ミイラはブロンズとか金、銀の彫像装飾品をそえて埋葬された。そのことの噂はエジプトの国内だけでなく国外にもとどろいていた。ファラオ時代にすでに墓荒しは始まっていたが、その時代がおわると政治上にも信仰上にもファラオ時代と無縁となったエジプト人、そして彼らの案内で活動する外国人の墓荒しはすさまじかった。

第二に、ベニ・ハッサンは地中海からは遠いが、ブバスチスはすぐそばにある。上陸した外国人は容易に接近できる。ブバスチスは彫像と猫のミイラの豊かな採取地だったのである。

こうして、猫のミイラは（ブロンズの彫像類はもとよりとして）一九世紀末には、ブバスチスから姿を消したというわけである（いかに長いあいだにわたってブバスチスが乱掘されたかを嘆いたナヴィルが、右のような考察をしなかったのは、意外である）。そして、ベニ・ハッサンのミイラは、ただ地中海から遠いという理由だけで、一九世紀はじめまで難を逃れることができたのである。

いっぽう、「焼かれた猫」という問題は、エジプト人の愛猫心の強さを述べたヘロドトスの記述に結びつくかもしれないと、私は考える。猫は火事で死ぬことが多く、そのさい、焼跡から出た猫の死骸を（ミイラの場合と同じように）包帯で包んで鄭重に埋葬したはずである。猫を火葬にすることがあった、ということではなく、火事で焼けた猫を埋葬したのである。そんなにエジプトに火事が多かったのか、と問う人があるかもしれない。それに対する答えはこうである。エジプト人の家は小さな木とパピルスと粘土（壁）で作られていた。いっぽう、火種は、つねに炉に残してあった。今日のような、簡単なマッチというものはもちろんない。火は摩擦法でおこすのであり、必要のさいに毎回この方法で火をつくるということはエジプト人にとって余りに煩わしく、手数のかかることであったからだ。そういう次第で、ちょっとした不注意から出火し、家が燃えるということは頻繁だった。そして、そういうさい、家についた猫が火の犠牲になるということもまた頻繁だったのである。

エジプト人の愛猫心

バステト信仰と愛猫生活は第二十二、二十三王朝のあともつづいた。古王国時代からの聖獣墓地であるサッカラやアブシールの墓地も、ブバスチスとならぶ猫埋葬地となった。アブシール出土の石棺（カイロ博物館蔵）の例を、一つ挙げる。

これは、付いていた銘文から第二十六王朝（前六六四―前五二五）の時代のものであることが分っている。石灰岩製で、長さ九〇センチ、幅三八・五センチ、全体の高さ三五センチ、棺の高さ二七センチ。この棺は発見時に沢山の猫のミイラで一杯になっていた。外面は粗削りで、磨かれていない。蓋は中高《なかだか》である。枠はなめらかに仕上げてある。蓋の外面の上部にはなめらかな面があり、そこにインクでデモチック（民衆語）の銘文が書いてある。

エジプト人の愛猫の劇的表現のみられるのは次の二つの場合であった。

第一は火事の場合。火事が起きると、猫は、火から逃げるということはせず、何故だか火の中に跳びこもうとする。そこで、火事がおきると、エジプト人は消火などはそっちのけで、猫が火の近くに来ないように、みんなで短かい間隔で立ち並んで監視をする。それでも、人の間をすりぬけて、あるいは人を跳びこえて、火の中へ跳びこむ猫が出る。そういう事故がおきると、エジプト人の嘆きは深刻であった。

火事の家に跳びこむ、という猫の行動は不思議ではない。第一に、犬とちがって、猫は人に付かず家に付くという基本傾向をもっている。つぎに、火事となったさいに、猫は一種の

「異常行動」をとり、火の中に跳びこむのである。甘やかされた猫ほど、自由に対応する野生能力を十分に発揮できないのである。

エジプト人の愛猫の深さを示す第二の場合は戦争である。猫を戦火から護るためにエジプト人は全力をつくすのであった。そして、たとえば……。前六世紀にペルシアのカンビセス王がエジプト征服戦に乗りだしたとき、エジプトの最初の都市ペルシウムの防備が固く、これを攻略するのは不可能にみえた。ペルシア軍の参謀は一計を案じた。それはエジプト人の愛猫心を逆手にとることであった。ペルシア軍は城外の猫をとらえてこれを次々と城内に投げこんだ。突然の多数の猫の入来におどろいたのと、それの世話に忙殺されたのとで、エジプト軍の態勢は乱れた。こうして、ペルシア軍は城を落すことに成功した、という次第である。

それほどエジプト人に愛された猫は、当然にその数をどんどん増やした、とわれわれは考えたくなる。ところがそうではなかった。だから、エジプト猫の国外持出しは法によって禁止されていた。なぜどんどん増えなかったのであろうか。ヘロドトスはこの点について興味ふかい記述を残している。

「もし猫に次に述べるような奇妙な習性がなかったならば、その数は遥かに大きくなるはずである。猫の牝は仔を産むと、もはや牡猫によりつかなくなる。牡は牝と交尾しようと思うが果せないので、こんな策をめぐらす。牝猫から子猫を奪いとったり盗んだりして殺してしまうのである。もっとも殺すだけで食うわけではない。子を奪われた牝は、また子を欲しがって牡の許へくるわけで、それほど猫は子煩悩《ぼんのう》な動物なのである」。

もちろん、これは誤りである。雌猫が出産のさいに、苦しさのために第一児を嚙み殺すことがあるという行動は広く知られている。しかし、雄猫について右のような習慣は、あり得ないことである。ヘロドトスは、祖国ギリシアで猫を見たことはなく、エジプトへ来て初めてこの動物に接したわけだが、短期の滞在だったので猫の発情期とか出産を見ることはなく、ただエジプト人の与える情報に依存したのであった。エジプトの情報提供者は、異国の人を楽しませようとして、話をおもしろくしたのである。そして、それを批判する力をもたぬわが大歴史家は、聞いたとおりに記した、というわけである。

では、猫が大して増えなかったのはいかなる事情によるのであろうか。一歩戸外へ出ると、仔猫にとって危険が一杯であったということを想いあわせていただきたい。そして仔猫の危い好奇心と散歩癖をもまた、想いあわせていただきたい。外へ出た仔猫は、犬、蛇、ハイエナ、ライオン、鰐に、あるいは空から襲うタカやワシに殺されて食われることは珍しくなかった。さらにまた、ナイルの水や四通八達している農耕用水路に落ちて溺死するということも多かった。猫は、動物園の動物のような、檻の中で常時監視されているという状況にはなかったのだから。

空からの敵については、南アフリカで今日でもその状況がある。愛猫家であるイギリスの女流作家ドリス・レッシングは、南アフリカでの猫との生活を描いた体験報告『なんといったって猫』（深町真理子訳、晶文社刊）の中で、「屋外に席を設けてお茶を楽しんでいた一ダースもの人が、ふいに空から襲ってきた鷹のために、灌木の下陰からさらわれてゆく子猫を目撃した」と書いている。ましてや、数知れないタカ（ハヤブサ）が空をわがもの顔に飛んでいるエジプトにおいては！

エジプト人は猫についての彫像、レリーフ、絵画を数多く残したが、奇妙なことに猫の登場する文学作品ということになると、これはきわめて少ない。その中の一つに、猫と犬との対話というのがある。この対話の主題は神と正義の問題である。

犬はいう。「蠅はトカゲに食われ、トカゲはコウモリに食われる。コウモリは蛇に呑まれ、蛇は鷹に襲われる。まことに全世界は戦争をしている」。

これに対して、猫はいう。「神々が宇宙を司っているのであって、結局は正義が勝つことになっている。小さな子羊をいじめた者はその報いを受けるだろう。虐待された者を覆う雲は吹き流され、罪なき者はその証しを得るだろう」。

ここで、猫は「猫を虐待した者は――」という例を挙げてはいない。しかし、猫を虐待した者が天罰を受けるということは、当然のことに猫のことばの中に含まれているはずである。

エジプト人の絵画で興味ふかいのは戯画である。エジプト人は信仰一途で、くそまじめな顔ばかりしていた、と考えてはならない。彼らは陽気で、諷刺も巧みであった。戯画はその能力の表現であり、猫もたびたび登場した。

一つの絵は、ファラオの姿をした鼠の王が、何頭もの犬に曳かせた戦車に乗って、一つの砦を攻撃している。その砦は沢山の猫のたてこもる砦である。神格化した猫の優位さに対する他の動物の嫉妬と反感を示しているようである。ふだんは猫の犠牲となる鼠が猫を攻撃しているところにおもしろさがある。

貴婦人の鼠の化粧に仕える男の痩せ猫

別の絵は、一匹の上流階級（もちろん猫社会）の猫が、頭に花を飾って、一羽の鵞鳥となぐりあいの喧嘩をしている。猫は気取った上流婦人の諷刺であるかもしれない。

さらにまた別の絵は、猫の雄と鼠の雌を描いている。肥って着飾った雌鼠が椅子に腰かけていて、その前で、痩せた雄猫が、尻尾を後脚の間にいれて（猫の完全降伏のしるし）奉仕している。雄は清涼飲料を運び、扇で風を送っているのである。

すでに記したように、猫は、国外にもちだすことが禁止されていた。海路で来る外国人も、パレスチナから陸路で来る外国人も猫を持ち出すことはできなかった。カナン（パレスチナ）のイスラエル人は、隣接する土地に住んでいたので、エジプト人の監視と法規制という条件にもかかわらず、その気になれば猫の持ち出しをする機会をみつけることができたはずであるが、そうはしなかった。女神として信仰されているエジプトの猫というイメージは、イスラエル人の信仰にも心情にも調和しなかったからである。それゆえに旧約聖書には猫についての言及が一度も見当らないのである。

前三三二年にエジプトからペルシア人を駆逐してエジプトにギリシア人王朝の基礎を築いたのはマケドニアのアレクサンドロス大王である。大王の歿後、部将の一人によって創立されたプトレマイオス王家がエジプトを約三〇〇年にわたって統治した。基本的にギリシア文化（ヘレニズム）の王朝ではあったが、プトレマイオス王朝の諸王はエジプト人の信仰と文化を尊重した。猫神信仰もまた、――。もちろん猫の彫像もつくられた。愛の神である猫は出産祈願のさいに造形化された。紀元前三世紀（プトレマイオス朝の初期）に由来する興味ふかい一彫像を、そのサンプルとして私は挙げたい。

彫像はベスという小人の庶民神（出産の神）を表現しているのだが、注目すべきはその性器である。勃起して水平状になっている長大な性器の先端が、猫の像となっているのである。

前三〇年に、クレオパトラの死に伴って、プトレマイオス王朝がおわり、エジプトがローマの属州になると、ローマ人はエジプト人の信仰とは無関係にエジプトの猫に熱狂した。ブロンズの猫の彫像が、おびただしい数でこの時代に作られた。それらはローマの高官、貴族の邸宅の飾りとなって特別な評価を受けた。猫そのものも、このローマ属州時代の初期にローマに輸送された。こうして、ローマを起点として、家猫は、きわめてゆっくりと、ヨーロッパ全土にひろがっていった。ヨーロッパの猫ということばは、ヘロドトスの用語 kattos（エジプト語と無縁なこのことばが何に由来するかは明らかでない）にはじまっているが、これがラテン語の cattus となったのは何と紀元後五世紀のことである。エジプトからローマへ持ちこまれた猫が広く行きわたるようになったのは、そのころなのである。こんどはそれがいろいろの民族語になった。英語の cat《キャット》もフランス語の chat《シャ》（女性形は chatte《シャト》）もこうして生れた。

ベス神の像。性器の先が猫の顔になっている

猫の鳴き声では、ヨーロッパ人が古代エジプトにならっているということは、すでに述べたとおりである。

ヨーロッパ（とくにイギリス）とアメリカで一九五〇年代以降、「エジプシアン・マウ」という種類が珍重されていることは興味ふかい現象である。古代エジプトの猫と同じサイズと色彩と毛並みをもつ猫が「エジプシアン・マウ Egyptian Mau」と呼ばれているのである。マウという単語が古代エジプト語の「猫」を意味する普通名詞であったことを思いだしていただきたい。愛好者はその単語をそのまま用いて、古代エジプトの猫への愛着を示しているのである。

エジプト家猫の東への伝播は、パレスチナ、メソポタミア、ペルシア、インド、中国、日本への経路をとり、その途中で、個性的な種類も生れた。ペルシア猫とシャム猫はその代表である。日本独特のものとされる三毛猫も、もとをたどるとエジプト猫にゆき当るわけだが、「エジプト猫の要素が多分に三毛猫にある」とする学者もある。日本へ家猫が渡来したのは、奈良時代（七一〇―七八四）のこととされている。猫という名詞の由来も「寝ることを好むことによる」という説明のほかいろいろあるが、確定的なものはないようである。

第二章　犬

犬を表わすヒエログリフ

アヌビス信仰

エジプトの猫について熱心に記したヘロドトスであるが、犬については一言半句の記述もしなかった。たぶん、ヘロドトスは、犬をすでにギリシアで見なれているので、この動物については特別の注意を向けなかったのであろう。

犬は世界の至るところで猫よりもはるかに古い時代から家畜化されていた。大きい年号をあげる人は紀元前一万年といい、小さい年号でも紀元前七五〇〇年があげられている。したがって、猫の場合とちがって、エジプト人は犬の家畜化について優先性をもっているわけではない。

たしかなことは、エジプト人にとっての最初の家畜は犬であったこと、紀元前五〇〇〇年のエジプトの農業が下エジプトのファユームではじまって人間が定住に移ったとき、犬はすでに古くからエジプト人の友であったこと、である。そのころ、犬は人間と家畜を害獣から守り、人間の狩猟を助け、人間に奉仕していたのである。

古王国時代のエジプトでは幾種類もの犬が知られていた。マスチフ型からポメラニアン型まで、さまざまであった。狩猟犬は、王家のために、また貴族のために飼育され、訓練された。グレイハウンドは、とくに狩猟に愛用され、壁画に描かれた。

犬はまた奇妙な医学上の貢献もしていた。というのは、犬の歯は養毛剤の原料となったからである。第六王朝の最初の王テチの時代の記録にそのことが載っている。その記録によれば、テチ王の母のために養毛剤が「犬の歯、ナツメヤシの屑、驢馬の蹄《ひづめ》」によって作られた。三種のものをまぜて、粉末状にして用いたということであろう。人類最古の養毛剤（記録にあらわれたかぎりということだが）ということになる。

壁画に描かれた種々の犬

残念ながら、記録には出ているものの、古王国時代の犬のミイラをわれわれはもっていない。カイロ博物館に多くの犬のミイラが保存されているが、その年代は第二十五王朝以降のものとされている。しかし、これらのミイラの大半は上エジプトのアシウト出土のものであって、アシウトの犬神（アヌビス）信仰の歴史の古さを考えると、ミイラの一部は第一中間期にまでさかのぼり得るであろう。とすれば、古王国時代の犬のサイズと体型のイメージを、これらのミイラから類推しても不当ではない、と私は考える。例のガイヤール・ダレシ報告がアシウト出土の犬のミイラ群を扱っているので、その要約を別枠記事で示すことにする。

ガイヤール・ダレシ報告（犬のミイラ）

① グレイハウンド　体長は五七センチ（背の第一関節端から坐骨の後端まで）。体高は五七センチ（背の第一関節端で）。古代エジプトの多くの記念物に出ているグレイハウンドで、尾は巻いている。

脚は長く、体はのびている。胸は狭くて高く、頭は長い。顔は広くて膨らんでいる。背骨はわずかに弓形にまがっている。耳は中くらいの長さで、まっすぐに立ち、とがっている。尾は重くて一回半、巻いている。四肢は細いが頑丈である。前脚の親指は短かく、後脚に親指はない。このグレイハウンドは第五王朝の宰相プタハホテプの墓室画に描かれている。この犬の毛は短かく、黄色がかった明るい灰色である。骨格は今日のグレイハウンドより細い。

この個体はきわめて簡単にミイラ化されている。身体は全面的にナトロンに漬《つ》け、ついで一枚の粗雑な布で包んである。瀝青の痕跡は全くない。後肢は腹の上にまげられている。前肢は右と左にふりわけて胸の上でのばされている。

② 砂漠犬〔酒井注＝原語は Chien errant となっている。いわゆる野良犬とは区別されていると思うので、かりにこの訳語を用いる〕（骸骨）　体長四四センチ、体高四二センチ。頭は長く体格に比べて頑丈にできている。耳はまっすぐに立ち、とがっているが短かい。図像データから

みて、尾は房々としていて、垂れている。尾の先端は踵にまで届いている。毛は硬くて立ち、濃い褐色である。まれに、同種の犬に黒毛のものがある。頭はいくつかの特徴によってジャッカルに似ている。

この砂漠犬の骨はファラオ時代の各地の埋葬所から発見されている。そのことは、ファラオ時代に、この犬が多かったことを示すものといえる。実際に、この種の犬は、一九世紀末までナイル流域で多く見られた。

砂漠犬の活動は主として夜である。小動物を餌として追い、あるいは人家の近くに捨てられた食物、地面に放置された動物の死骸などをあさって歩きまわる。

③　エジプト犬（骸骨）　体長四五センチ、体高四四センチ。形体的に砂漠犬に似ているが砂漠犬ではない。いっぽう、グレイハウンドに似た要素もある。したがって、これは純粋種ではなくて、前二者の交配から生れたものということができる。

古代エジプトの動物の多くは宗教と結びつくが、犬の場合もそうであった。ただし、すべての犬が、ということではない。ガイヤール・ダレシ報告で砂漠犬と分類されたものが、死の神アヌビスのシンボルとなるのである。

古典的なエジプト学者は、アヌビスは犬ではなくてジャッカルであると述べる。たしかに、古代エジプト人は、犬とはちがう単語をアヌビスのシンボルに与え、その単語を学者はジャッカルと解した。しかし、一九三〇年代のドイツの動物学者ルイス・カイマーの調査研究いらい、この説はゆらいでいる。カイマーは、発掘された動物ミイラ、出土した動物の骨、図像に示された動物を検討し、さらに今日のエジプト周辺の動物分布を調査した結果、ジャッカルはファラオ時代のエジプトに存在したことはないことを明らかにし、ジャッカルと似た頭部と習性をもつ砂漠犬を古代エジプト人はジャッカルと誤認した、と結論したのである。良心的なエジプト学者はそのあと、アヌビス＝ジャッカルという等式を捨て、アヌビス＝犬という等式をとっている。高名なドリオトン・ヴァンディエ共著の『エジプト史』は、アヌビスの項で、「これは犬の頭をした人間の姿で表現されている」と明記し、エジプト学の標準的知識を集めているポズネール編『エジプト文明事典』は、ジャッカルの項の冒頭で次のように書いている。

アヌビスであるジャッカルということがしばしば語られる。アヌビスとは、黒い犬科動物に化身した埋葬の神である。高名な博物学者でありエジプト学者であるルイス・カイマーが、アヌビスを右のようにとらえる同僚を、あるいはテーベの山でジャッカルを見たという同僚を叱りつけたのは、もっともなことであった。

そして同事典の記述は、ジャッカルに触れるときも、カッコ付きでこの単語を使っている。

私も、かなり前からカイマー説をとっている。彼の動物学上の考察とは別個に、ジャッカルが神聖であったのなら、なぜエジプト人はジャッカルをミイラにして埋葬しなかったのか、あれほど多くの犬のミイラ（その中に砂漠犬が多い）が発見されているのに、なぜジャッカルのミイラは発見されないのか、という問いは基本的であると私は考える。とにかく、ジャッカルは存在せず、砂漠犬が存在し、これがアヌビスのシンボルとなって埋葬された、というのが私の立場である。

ジャッカル不存在論はこのぐらいにして、砂漠犬がなぜ死の神になったかの話にはいることとしよう。

ガイヤール・ダレシ報告紹介の砂漠犬のくだりで、砂漠犬が主として夜間に餌を求めて活動するという生態を記した。その砂漠犬にとって、墓地は餌場であった。ミイラにしてもらう余裕のない民衆の墓には、その死者の肉体があった。次に、生存者が死者のために捧げる供物（食料）があった。こうして、砂漠犬は、先王朝時代から墓地をさまよう者として、エジプト人に認識された。それはやがて、墓地の支配者、墓地の神というイメージに発展した。砂漠犬は墓地を自らの城とみなすので、近づく他の野獣をその力づよい咆吼《ほうこう》で追い払った。それは、やがて「墓の守護者アヌビス」というイメージを生み、ついで「死の神アヌビス」にまで進んだのである。

アヌビス信仰はエジプト文明の最も古い時代にまでさかのぼることができるようである。冒頭に記したように、犬はエジプト人にとって最初の家畜であった。いっぽう、先王朝時代の最古の文化時代の一つであるバダリ期（前四五〇〇―前四〇〇〇）に属する上エジプトのバダリで、埋葬された一頭の犬が発見されている。また同じ時代の、上エジプトのマトマルでは、一人の人間の墓の中に木製の柩ふうのものにおさめられた一頭の犬が出土している。またそれより少し遅れるナカダ時代（前四〇〇〇―前三〇〇〇）に属する上エジプトのナカダでは、二〇頭の犬を埋葬した墓地が発見されている。これは明らかに犬専用の墓地である。一九世紀末にこれを発見したイギリスのエジプト学者、F・ピートリは「犬は尊重されていた、あるいは神聖視されていたにちがいない」との結論を述べた。いま、私もこの見解を支持する（もっとも、ピートリはアヌビスをジャッカルに結びつけていた。したがってナカダの犬墓地を別個の信仰のものとみなしていた）。

私は、アヌビス信仰の芽は少くともナカダ時代に生れていたと考える。そしてこの信仰は王朝時代にはいって発展し、ヒエログリフ（神聖文字）でアヌビスをあらわすとき、この犬の姿をもって決定詞（語義を確定する記号）とすることとなり、ピラミッド時代にそのアヌビスの役割と性格が神学者・祭司によって教義の中に明示された、という経過をとったのである（アヌビスは、ヒエログリフのエジプト音にしたがえばアンプであるが、ギリシア化した呼称アヌビスが広く流布しているので、本書でもアヌビスの呼称を用いる）。

西方の者

アヌビスを造形化した最古の例（少くともこれまでに発見されたかぎりでは）は、第四王朝のメンカウラ王（ギザの第三ピラミッドの主）の下神殿から発見された記念碑である。そこには、中央に王が位置し、両脇に女神ハトホルと犬州の女神が立ち、上部に台に乗った犬（アヌビス）が彫られている。

古王国時代の宗教思想を集成したピラミッド・テキストには、当然に、アヌビスに言及したくだりが多い。そのいくつかを左に挙げてみよう。

第一三五節に「王よ……御身の腕はアトゥム、御身の肩はアトゥム、御身の腹はアトゥム、御身の背面はアトゥム、御身の脚はアトゥム、御身の顔はアヌビスである」と記してある。アトゥムとは創造神であり、朝の太陽である。顔の部分だけをアヌビスの顔としたのは、砂漠犬の頭部の個性がエジプト人につよい印象を与えていたことのしるしであり、この表現はピラミッド・テキストで頻繁に出てくる。

犬の顔をもつアヌビス神

第一五七節にいう。「まことに王は、不滅なる霊となって、頸《くび》にアヌビスを飾って来る。アヌビスは西の

高みを支配するもの」。第四六八節にいう。「天空の窓にあるもの、御身アヌビスの娘よ、梯子の頂上にあるもの、トトの同伴者よ、われのために道を開け」。トトはトキの姿をした知識の神である。

第七二七節にはこう出ている。「王よ……天空の扉は御身のために開かれている。星をちりばめた天空の扉は御身のために開かれている。なぜなら、御身は上エジプトの砂漠犬のように、腹ばいになったアヌビスのように、降《くだ》っていったから」。ここで「降っていった」とは「墓にはいった」を意味する。

第七九四節には「御身は立ち上って、天蓋の上にあるアヌビスとなる」という表現が、第七九六節には「王よ、御身はアヌビスの声に応じて進む」とある。砂漠犬が夜の墓地で吼《ほ》える声がここでは暗示されている。

第八九六節には「おお王よ、アヌビスの形のように神秘的である形をもつもの、砂漠犬の顔をつけよ」とあり、特徴的な顔が強調されている。第一〇一五節には「御身のことばはアヌビスのところまで上ってゆく。アヌビスの口から出ている御身の威厳は、ホルスの威厳であり、上エジプト砂漠犬の威厳である」という。

第一一二二節の、「余は天に上る。……余の内臓はアヌビスによって洗われた」は墓地で汚物を処理する砂漠犬の動きに由来するはずであり、第一一八〇節の「余はアヌビスの娘、天の蛇を発見した」は砂漠犬の咆吼が尾を曳いて天に上る姿と結びついている。第一二五七節は「彼ら〔神々〕はアヌビスの名によって御身が腐るのを防ぐ。彼らは上エジプトの砂漠犬という名によって、御身を腐敗から守る」といい、墓の守護者としての砂漠犬を示している。第一三三六節には「王の死がアヌビスの家で宣言されることは危険である。その宣言を聞くものは生きることはできない」とある。ここに「アヌビスの家」と呼ばれているものは、死者をミイラにする場所のことで、アヌビスがミイラ製作作業の責任者であることが示されている。アヌビスの家で王の死を宣言するなと戒めていることは、王は死ぬのではなくて永遠に生きるのであるとの信仰を述べたものである。

第一三八〇節では「天蓋の下のアヌビスは王を起き上らせる」とあり、これは仰向けの姿でミイラとなった王がアヌビスの手によって立ち、あの世に向うことを示している。第一五二三節の「アヌビスは心臓を求め、地上の神々にオシリスとなった王を引き渡せと求める」もまた、死せる王を最初に扱う神はアヌビスであることの表現である。

第一五五三節の「王よ立て、そして坐れ。聖地を支配するアヌビスのように」に出ている聖地は、死者をあの世の法廷に届けるまでのアヌビスの管轄領域である。

第一八六七節にいう。「御身の前脚はチニス州にある。御身の後脚はヌビアにある。御身は上エジプトの砂漠犬のように、金襴《きんらん》の上のアヌビスのように、降《くだ》った」。これは死せる王をまさに四足獣になぞらえている。砂漠犬が上エジプトとヌビアに特に多かったことの、これは投影である（犬のミイラが上エジプトのアシウトで大量に発見されたことを、思いおこ

死者審判の図　上段では、死者（左端）が居並ぶ裁判官に訴えている。下段の左では、アヌビスに導かれた死者が心臓計量の場にゆく。右では、死者がホルスに導かれてオシリスの前にゆく

していただきたい）。第二〇〇一節の「上エジプトの砂漠犬は御身のもとに来て、御身のかたわらでアヌビスとなる」も同じ事情を示している。

第一九三六節では、死せる王が受ける供物リストの中に「御身のアヌビスのパン」という表現がある。これは、死せる王がアヌビスから受けるパンの贈与を指し、死者守護のアヌビスの一つの側面を示している。

第二一九九節はいう。「王よ、思いのままに立ち、そして坐れ。西方の者の中の最上の者、アヌビスとなって」。ここでは、アヌビスを死者の国（西方の者）の支配者とみなし、王自身がアヌビスに化身する願いがこめられている。

ピラミッド・テキストに見る犬神アヌビスの姿とは、かくのごとくであった。しかし古王国時代にアヌビス神殿が築かれた形跡はない。

アヌビス神殿が建てられるのは、第一中間期の第十王朝

の時代で、場所は中エジプトのアシウト。この都市はアヌビス信仰の中心地であった。中エジプトを実効的に支配する第十王朝ケティはアヌビス神殿建立について碑板にこう記した。「王の命によってメリカラは大神アヌビスの霊のために神殿を築いた」。メリカラは宰相の名であるにちがいない。今日、われわれが知っている犬のミイラが主としてアシウト出土であるというのは、こういうアシウトの歴史のせいである。

中王国時代のコフィン・テキストではアヌビスに触れた箇所が多くなり、アヌビスは時として複数形の「砂漠犬の神々」という表現であらわれる。複数形となるのは、ピラミッド時代にはなかったことである。中王国時代の複数形は、アヌビスの救済力を普遍化するための工夫であったといえるかもしれない。

テキストのいくつかの例を示そう。

死者があの世にはいる様を叙べた第二四節には「アヌビスは御身の守護者となって御身の上にある」と記されている。死者をミイラとする場面の第四五節は「アヌビスよ、願わくば、その手の下にあるもの〔死者のこと〕に満足せよ。アヌビスよ、願わくば、このよき神を見るときに、聖なる台を支配せよ」と述べている。「聖なる台」とは死者をミイラにする台のことである。第五一節は「御身はアヌビスより生命を受けるであろう。御身は聖なる台において威厳を与えられるからである」といい、ミイラとなることによって生命を得ることが示されている。

砂漠犬の神が複数形であらわれるのは、第五五〇節で、死者が埋葬（昇天）する場面に触れたくだりで、次のとおりである。「縄梯子は結ばれた。縄梯子は立てられた。前部の縄は砂漠犬の神々によってゆるめられ、後部の縄はネケンの神々によってゆるめられ、死者は天に上ってゆく」。

中エジプトの州都アシウトが中王国時代に果した役割はとくに注目される。ここではウプワエトとアヌビスの二神が主神として崇拝された。ウプワエトは、これまた犬の姿をもつ神で、神名は「道を開くもの」を意味し、闇をゆく死者の道案内をするという神である。ウプワエトは古典的エジプト学者の著述では狼の姿をもつ神とされているが、狼もジャッカルも古代エジプトに居なかったとするカイマー説を、ここでも私は採用する。

したがって、ウプワエトは、アヌビスと一部重複する役割をもつ神なのであった。アシウトにおける主神はこの二神であり、州知事は存命中はこの祭典行事に大いに力を注ぎ、死後についてはその二神の加護を受けたいと願うのであった。

この点について、次のようなくわしい史料をわれわれはもっている。

第十二王朝のセンウスレト一世時代の州知事ヘプゼフィはとくに信仰心のあつい人であった。彼は死後、祭司団が自分のために祈禱、供物、祭典などを鄭重につづけるよう、アヌビス神殿祭司長、祭司団とウプワエト神殿祭司団を相手に十ヵ条にわたる契約をした。アヌビス神殿の場合は祭司長を相手としているのに、ウプワエト神殿については祭司団となっているのは、知事自身が後者の神殿の祭司長を兼務していたからである。

契約はアシウトのヘプゼフィの断崖墓の大ホール東壁に刻まれ、今日にまで残ってきた。契約は、彼の死後における神殿側の奉仕に対する謝礼を明記してある。知事の家畜、畑、葡萄園などの財産譲渡がその謝礼である。

契約はどういう文面になっているかというと、アヌビス神殿祭司長関係のいくつかをあげると、次のとおりである。


契約七　常勝の最高予言者である州知事ヘプゼフィは、アヌビス神殿祭司長と次の契約をした。

三本の灯芯をヘプゼフィに供え、それに点火してアヌビス神殿内を照らすこと。一回は閏月《うるう》の五日目すなわち新年の夜〔十二月三十一日から一日にかけての夜〕に。次は、新年の日に。さらにその次は、第一季節の一月十七日、ワグ宴〔内容不詳〕の夜に。ヘプゼフィは次のものを祭司長に渡す。父より受けついだ畑の中から、東部地区の一〇〇単位〔広さ不詳〕を。これは、祭司長がヘプゼフィのために灯明をつけ、死後の祭司となったヘプゼフィのために供える灯芯三本に対する報酬である。

この契約にヘプゼフィは満足である。

契約八　常勝の最高予言者である州知事ヘプゼフィは、アヌビス神殿の非聖職祭司団

〔聖職事業でない人たち〕と次の契約をした。

ヘプゼフィに次のものが供えられる。

非聖職祭司団の一人一人が、ヘプゼフィのすべての彫像に一個ずつの白パンを。第一季節の一月十七日、ワグ宴の夜に。

非聖職祭司団は、死せる祭司ヘプゼフィに随伴して進み、火を照らして墓の段の下段にまで達し、高貴なるものを讃えるのと同じようにヘプゼフィの栄光を讃える。火をつけて照らす日々に。

月番の祭司は、パン〔量目不詳〕とビール一壺をヘプゼフィの彫像に供える。そのさい、彫像は墓の段の下に置かれる。月番の祭司は毎日、神殿に供物を捧げたのち、墓に来て、右のことを行う。

ヘプゼフィは次のものを非聖職祭司団に渡す。アシウトのあらゆる市民が最初の収穫物を受けとるのと同じように、非聖職祭司団はヘプゼフィの領地のすべての畑から来る最初の収穫物を受けとる。見よ、ヘプゼフィは、彼に属するあらゆる農夫に畑の最初の収穫物をアヌビス神殿に納めさせている。これは約束履行のはじまりである。

見よ、知事は言った。「最初の収穫物を神殿におさめるすべての役人、すべての農夫にとって、食糧が不足しないかと思うことは愉快ではない。そこで、余のあとの知事が契約によって収穫物を減らすということは、あってはならない」。

〔後段略〕

契約九　常勝の最高予言者ヘプゼフィは、墓地監守団および山上人団〔山上で断崖墓を監守するもの〕と、次の契約をした。

墓地監守団と山上人団は、閏月《うるう》の五日目すなわち新年の夜と新年の日に、アヌビス神殿に赴き、神殿祭司長がヘプゼフィのために用意した二本の灯芯を受けとる。ついで、ヘプゼフィの墓にゆき、ヘプゼフィの栄誉を讃える。高貴なるものを讃えるのと同じように。ついで、一本の灯芯をヘプゼフィの葬祭係祭司に渡す。

墓地監守団と山上人団は次のものを受けとる。

父から受けついだヘプゼフィの土地から、二二〇〇単位〔広さ不詳〕を、次の内訳によって。墓地監守団は四〇〇単位を、高地の長〔墓地監守の責任者〕は二〇〇単位を、八人の山上人団は一六〇〇単位を。

右のほかに、この高地の、各神殿で犠牲に供せられるはずの、すべての牡牛の足を。

ヘプゼフィに供えられるものは次のとおりである。

墓地監守人団は、ビール二壺、平たいパン一〇〇個、白いパン一〇個を。高地の長は、ビール一壺、平たいパン五〇個、白いパン五個を。八人の山上人団は、ビール八壺、平たいパン四〇〇個、白いパン四〇個。

右を、ヘプゼフィの葬祭係祭司の奉仕するヘプゼフィの彫像に、第一季節の一月一日すなわち新年の日に、ヘプゼフィの栄誉を讃えて供える。

〔後段略〕

このような経費を投じて、アシウトの知事はアヌビスとウプワエトの加護を得たいとねがったのである。

しかし、アシウトは「犬の都」(キノポリス)という名称をもつことはなかった。この名をもつ町は中エジプトにあった。今日のハルタル・エス・シェイク・ファドがその地点に当ると考えられている。残念なことに、過去に著しく荒されたために、アヌビス信仰について語る有益な資料は発見されていない。

絵画と彫像

信仰とならんで、当然に信仰の芸術も発達した。中王国時代はブロンズ芸術の開花した時代で、芸術的にも注目されるのだが、その中の一つは、両脇にコブラ(この神については第三章で述べる)をしたがえて、すっくと立っているアヌビスを示している。

中王国時代における人間と犬との実生活における関係はどうかといえば、これも古王国時代よりも深くなり、広くなった。犬は王家と貴族だけのものではなく、広く飼われるようになった。すでに第一中間期の内乱期に犬は主人とともに戦場に出て活動したので、中王国時代には生活の友としてだけでなく、戦闘力としても高く評価された。かくして、戸外にせよ、室内にせよ、犬を伴った情景を墓室画または記念碑板に描くことは一つの流行となった。

第十一王朝の初代の王アンテフ一世はとくに愛犬家であった。彼は四頭の犬をもっていて、それぞれに固有の名をつけて呼んでいた。彼はパピルスと碑板に自分の業績を書いたさい、自分の像のわきに四頭の犬も同席させた。そこに記された犬の名は、ベク、ペクテス、テケル、アバケロという。第一の名はガゼル（カモシカの一種）を意味する単語で、その犬がガゼルに似ていたか、あるいはガゼルを追うのを得意としていたか、の事情によってこの名がつけられたのであろう。第二の名は「黒い」を意味する。日本語でも黒い犬の愛称に「クロ」というのが珍しくない。命名心理はいずこも同じなのである。第三と第四の名の意味は分っていない。この四頭の犬の名は、犬の愛称として知られているエジプト最

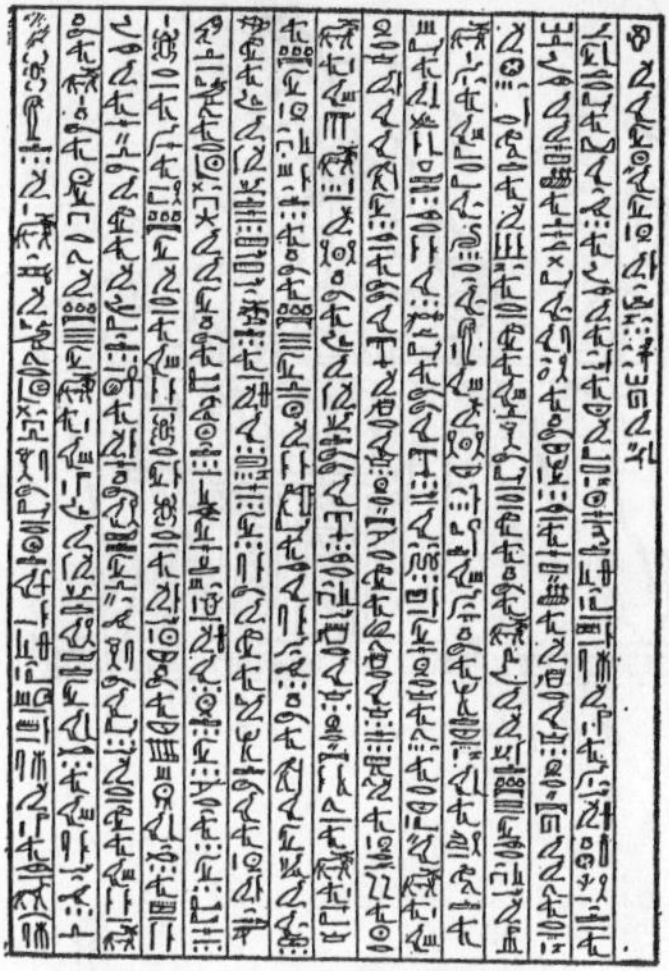
『死者の書』の文面

古の（そして世界最古の）ものである。

新王国時代には、あらゆるものが華麗になる。中王国時代のコフィン・テキストを発展させたものとして『死者の書』がつくられた。古王国時代と中王国時代を通じて約二〇〇柱をかぞえた神々は、新王国時代には約一〇〇〇をかぞえるに至った。神の数がふえるのは、部分的に役割の重複する神々がふえたということであり、その数に比例して神々の顕現の場がふえ、人間の救済の可能性が増すとするエジプト人の考えかたを示すものであった。

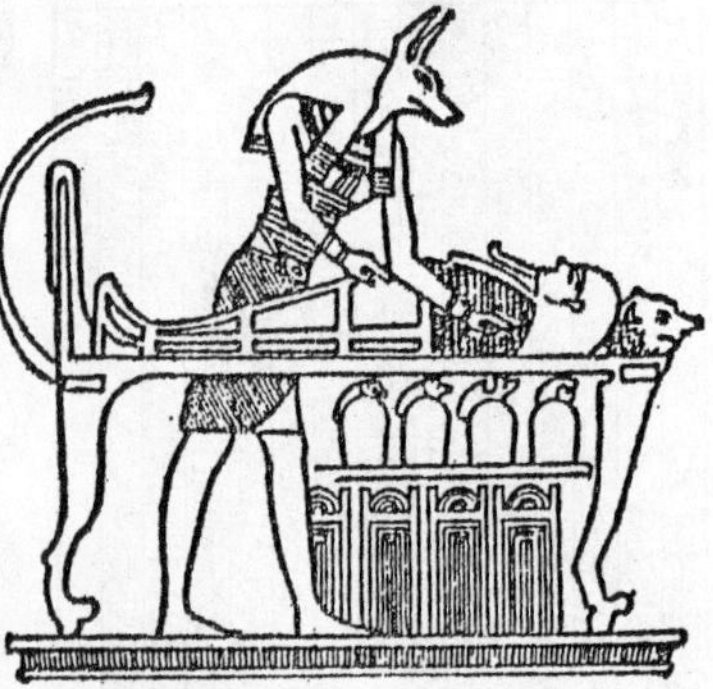

ミイラの仕上げをするアヌビス

絵図の発達は、新王国時代の宗教文書の一大特徴である。『死者の書』をはじめとして、多くの宗教文書には、文字とならんで、解説的な絵図が華麗に描かれた。アヌビスは「香油を施す室〔ミイラ製作室のこと〕の住人」あるいは「神〔オシリスのこと〕の室の管理者」などの名をそなえて、死者審判とミイラに関係する最も重要な神として、その位置と姿が明確に絵図に示された。この絵図は、実際のミイラ製作室や葬送の風景に直結するものであった。ミイラ製作者の指揮者は、実際にアヌビスの仮面をかぶって、死者に対するのであっ

死者を裁くオシリス法廷　左のアヌビスは計量の正否を確かめ、中のトトはそれを記録している

た。

絵図をみよう（そして、観念上のこととしてでなく、実際の場面とつないで考えていただきたい）。

一つの絵図では、葬列の死者は、墓の入口のわきに立っているアヌビスに迎えられている。他の絵図では、台の上に横たわったミイラのわきに、アヌビスが立ち、守護の手をミイラの上においている。

審判場面の絵図では、天秤の桿《さお》が水平になり、指針が正しい位置にあるように監視するアヌビスが示されている。死者審判の審判者はオシリスであり、オシリスのために彼は奉仕している。オシリスが死んだときに、アヌビスはオシリスの復活に寄与しており、そのことのゆえに、オシリスとアヌビスは不可分に結びついているのである。だから、ある絵図では、オシリスの頭をおさめた箱を支える柱に二匹の犬（アヌビス）がついている。アヌビスは「オシリスの子」として表現されることもある。

ある絵図では、アヌビスは秤にかけるために死者から取りだした心臓を、死者に返している。アヌビスは死者について全責任をもつものであり、その肉体の一部が「東の怪獣」にも持ち去られ、食われることのないように管理するのである。「アヌビスよ、わが腿が頑丈となり、自ら立ち得るようにして下さい」という祈りのことばも、絵図の死者によって語られている。

いま出てきた「東の怪獣」というのは、いわば地獄の使者である。通常の死者は西の世界にはいって「あの世」の生をはじめるのに、罪ある死者は西へはいることを許されず、「東の怪獣」によって東に連れ去られ、食いちぎられて、それでおわりとなるのである。この怪獣は、頭は鰐、上体はライオン、下部は河馬という形をして、オシリス法廷のわきでつねに待機しているのである。

アヌビス信仰は、アピス信仰（牛の章で詳述）と同様に、プトレマイオス王朝期まで維持された。プトレマイオス王朝はマケドニア人（ギリシア人）の王朝であったが、伝統的なエジプト信仰を尊重したのであった。アヌビス神殿は、古王国、中王国、新王国の、いかなる時代のものも発見されていないのに、プトレマイオス王朝期のものがサッカラで一九七八年にイギリスの調査隊によって発見されている、ということに私は読者の注意を惹きたい。

もっとも、ギリシア本土で理解されているアヌビスはエジプト人のものとはちがっていた。ギリシアの伝記作家プルターク（四六頃—一二〇頃）の記述をその典型とみることができる。彼はこう書いている。

アヌビスの母はイシス〔オシリスの妹にして妻〕であるとされているが、アヌビスはネフチス〔オシリスの妹〕から生れたとする説もある。

エジプト人はアヌビスによって水平の円を考えていて、その円は世界の見えざる部分と見える部分を分割している。見えざる部分はネフチスと呼ばれ、見える部分にはイシスという名が与えられている。この円は光と闇の限界に等しく達しているので、両者に共通の円とみなしてよい。この状況から、アヌビスと犬との間にエジプト人の認める類似が生じている。すなわち、この動物と同じように、アヌビスは昼も夜も眼が利くということである。要するに、エジプトのアヌビスはギリシアのヘカテと同じ力、同じ性質をもっている。ヘカテは天界と冥界に共通の女神である。他の人びとによれば、アヌビスによって意味されるものは時である。なぜなら、時は子宮のようにそれ自身の中にすべてをもち、それ自身からすべてを生みだすからである。

しかし、これはアヌビス崇拝に精通している人びとに知られている多くの秘義の一つであるにすぎない。

もっと確かなことは、古代においてエジプト人は犬に最高の敬意と栄誉を払ったということである。もっとも、カンビセス〔ペルシア王〕がアピス〔聖牛〕を殺して投げ捨てたとき、他のいかなる動物もこれに近づくこともせず、ましてや食べるなどのことはしなかったのに、犬がこれを食べたというので、犬はそれまで聖獣のあいだに持っていた第一級の地位を失った。

オシリスは宇宙の上の部分と下の部分の両方にあまねく行きわたっている共通の理性である。これがアヌビスとも呼ばれ、時としてヘルムアヌビスと呼ばれる。前者は上の世界との関係を、後者は下の世界との関係を示している。

これがプルタークの示すアヌビス像で、アヌビスの円という象徴哲学ふうの考察は、とりわけ興味ふかい。さて、アヌビスは、絵図に示されるだけでなく、彫像としても作られ、墓室におさめられた。ツタンカーメン王の墓から出たアヌビス像はそのみごとな一例である。それは奥の宝物室にあったのだが、発見時の模様を、ハワード・カーターは次のように記している（酒井傳六・熊田亨訳『ツタンカーメン発掘記』筑摩書房刊）。

戸口には、部屋への立ち入りを拒むかのように、ジャッカルに似た犬アヌビスの黒い姿が、リンネルにおおわれ、長い荷棒のついたそりの上にある金箔をかぶせた塔門のいただきに身を休めて、陣取っていた。閾《しきい》うちのアヌビスのいる塔門の前には、粘土煉瓦状の台のついた、小さい芦の松明《たいまつ》が地面にころがっていて、その粘土の台には、「いかなる形であらわれようとも、オシリス――死者のこと――の敵を退ける」という呪文がきざまれてある。アヌビスの背後には、奇妙な牛の首がひとつあった。これは、墓とあの世を象徴するシンボルである。

ツタンカーメン王のアビヌス像（新王国時代　カイロ博物館）©Wikimedia Commons

カーターは同じ『ツタンカーメン発掘記』の別の箇所で、アヌビスを次のように描いている。

性別のない一種の黒いジャッカル様の犬の形をかり、葬儀を主宰するのみならず、死者の身辺を用心深く監視するアヌビス神の像は、侵入者にそなえて、開いた戸口に、西方を向いて、適切な位置におかれてあった。アヌビスが墓のなかのこの場所におかれたのは、たんなる偶然のなせるわざではなくて、意識的なものである。彼はその領域である奥の宝庫を守護しながら、一方で、玄室《げんしつ》〔編集部註：横穴式石室や横穴墓の奥室で、木棺や石棺を安置する部屋〕とその占有者のために警戒の目をみはっている。

この警戒深い、等身大の動物形アヌビス神の横たわった像は、木製、黒い樹脂が塗られており（中略）おおいの下のアヌビスの身体は、のどのあたりに結びつけられた薄い沙織のようなリンネル・ショールでつつまれており、首のまわりに長い革紐状のリンネル・スカーフが固く結ばれていた。スカーフは、細長い芯紐に織りこんだ青蓮、矢車菊、二つのリボンで飾られ、首根っこのところで、蝶ネクタイに撚《よ》られていた。その下のアヌビスの首にも金箔の首輪があり（中略）目には金、方解石、黒曜石がはめこまれていた。直立してとんがった耳のふちの櫛形状の部分は金色であった。足指は銀でできていた。

このアヌビスは、前肢の先端から尾のつけねのところまでの長さが九五センチ、足の下部（すなわち塔門形式の祭壇の上部）から耳の先端までの高さが五七センチである。祭壇のほうは高さが五四・三センチ、横九五センチ、奥行き三七センチである。そのアヌビスのすっきりした輪廓、輝く黄金の眼、黒い体色は、カイロ博物館のツタンカーメン室を訪れる人に、黄金のマスクとは別の感銘を与えるのである。

アヌビスの姿はいかなる種類の犬をあらわすかについてはすでに述べたが、カーターは「ジャッカル様の犬」という表現をとっている。いっぽう、彼は、アヌビスを示す動物はエジプト人の想像上の動物であったかもしれない、という可能性も記した。彼はアヌビスに「性別が示されていない」ということからこのことを考えたのであった。

この「性別のないアヌビス」については、同じカーターは、ミイラづくりに関与するアヌビスが無礼な働きをすることのないようにするための予防措置であったかもしれない、という考えも示した。ミイラ職人は、新しい婦人の死体をあずかったさいに、これを犯すことがあったというヘロドトスの記述を、カーターは思いあわせているのである。

しかし、私の考えでは、「性別のないアヌビス」というとらえかたは適切ではない。動物の姿をとった他の神々もまた性別を（つまり性器を）示してはいないのだから。それでも、われわれは、示されている状況によって、例えば、このライオン神は雄、このライオン神は雌、というふうに識別できるのであるから。

『二人の兄弟の物語』

アヌビスはいつも黒で示される。その黒色は何を意味するのであろうか。カーターは、モデルとなった初期の動物が黒であったということによるかもしれないが、あの世の闇という思想ともゆかりがあるであろう、と述べた。『死者の書』のすぐれた現代の訳者の一人であるフランスのエジプト学者、G・コルパクチは「黒は可能性と希望の色」という解釈を示し、同じフランスの女流エジプト学者デローシュ・ノーブルクールは「黒は再生の色」という説を明らかにしている。この説は魅力的であるが、十分な説得力をまだ備えていないようである。エジプトの国名「ケムト」に結びつける人もある。ケムトは「黒い土」を意味し、ナイル氾濫後の黒色の沃土《よくど》にそれは由来する。この場合、黒は生産と豊饒を約束する大吉の色なのである。

アヌビスは世俗的な存在にもなった。そして、文学作品に、人びとに好まれる物語にも登場した。『二人の兄弟の物語』という作品がこうして生れた。これはアヌビスを主人公とする唯一の作品である。

ここに出てくるのは兄のアヌビスと弟のバタである。バタは上エジプトの都市サカで崇拝されていた地域神の名である。世俗物語の形をとっているが、明らかに基礎に二神についての神話がある。神と人間とを二重写しにして見るのが、この物語の読みかたである。生と死と復活に果すアヌビスの役割がここに示されている。いっぽう、ここには農民生活の描写がある。家畜のあいだにはさまって寝る姿、動物と対話する農夫、といった具合に。エジプト人がいたくこの物語を愛したことは確かである。

したがって、このユニークな作品は、要約ではなしに、なるべくくわしく紹介する値打ちがある。しばらく、物語の世界に遊んでいただきたい。

むかしむかし、同じ母、同じ父から生れた二人の兄弟がいた。兄はアヌビスといい、弟はバタといった。アヌビスは家をもち、妻をもち、弟は息子のようにそこに暮していた。畑で家畜の後についてゆき、アヌビスに衣服をもたらすのは弟であった。労働し、収穫をアヌビスにもたらすのは弟であった。畑の仕事をアヌビスのためにすべてするのは弟であった。弟はがっしりできている若者であった。神の力が彼の中にあるのであった。

多くの日々がすぎて、いつものように、弟は家畜の後についてゆき、夕方、あらゆる畑の草と乳と木を満載して帰宅した。彼は妻の前に坐っているアヌビスの前にそれらの品を置いた。そのあと、彼は飲み、食べ、家畜小屋へゆき、ただひとり、家畜のあいだにはさまって夜をすごした。大地が明るくなると、彼は食事の用意をしてアヌビスの前に置いた。アヌビスは、畑仕事用のパンを弟に与えた。弟は草を食わせるために、牝牛（複数）を追って畑へ向った。牝牛は道すがらいった。「あそこの草がおいしい」。彼には牝牛のいうことがすべて分った。彼は牝牛を、いうとおりの場所につれていった。牝牛は彼の世話で非常に立派になり、どんどん子を生んだ。

耕作期になって、アヌビスは弟にいった。「耕やすために牝牛に引き具をつけてくれ。いま、地面は水から出て〔ナイルの氾濫期がおわったこと〕耕すのに好都合だ。それから、種をもって畑へいってくれ。明朝から大馬力で働かなくちゃならないから」。弟はいわれたとおりにした。

大地が明るくなって、次の日が来ると、兄弟は種をもって畑にゆき、大馬力で働いた。二人の心は、はじめから、労働のために快くなっていた。

それから多くの日がすぎて、兄弟が畑で働いているとき、種が足りなくなったので、アヌビスは弟にいった。「村へいって種をとってきてくれ」。弟が家へ着いてみると、アヌビスの妻が化粧の最中だった。「立って下さい。種をとって下さい。それを畑へもってゆかなくちゃなりませんので。兄が畑で待っております。急いでやって下さい」。すると彼女はいった。「行って倉をあけなさい。あなたの好きなようにおやりなさい。化粧が中途なんですから」。

若者は家畜小屋へはいり、沢山の種をいれるつもりで大形の壺をとりあげた。彼は大麦と小麦を一杯に詰め、肩にかついで家畜小屋を出た。アヌビスの妻はいった。「あなたの肩に乗っている重さはどのくらい？」バタは答えていった。「小麦が三袋、大麦が二袋、合計五袋が私の肩に乗っております」。アヌビスの妻はいった。「あなたは大変な力があるのですね。毎日、私はあなたのみなぎった力を見ていますよ」。彼女は男としての彼を知りたいと望んだ。彼女は立ち上っていった。「さあおいでなさいよ。一ときを一緒にすごしましょう。一緒に寝ましょう。あなたはそれで得をしますよ。私があなたに良い着物をつくってあげますから」。すると若者は豹《ひょう》のように怒りはじめた。彼女のみだらなことばのゆえであった。彼女は若者に恐れをいだいた。若者はいった。「なんということを！　あなたは私にとって母のような人です。兄は私にとって父のような人です。わが愛する兄は私を育ててくれた人です。なんというかがわしいことを、あなたはいうのですか。二度と再びこんなことは口にしないで下さい。このことを、私はだれにも言いはしません。私の口からそのことが洩れることはありません」。彼は荷をかついで畑へゆき、アヌビスのそばにゆき、進行中の仕事を力一杯に再開した。

夕方、アヌビスは帰路についた。弟は家畜を小屋に入れるため家畜のうしろについていた。彼は肩に畑の産物すべてをのせていた。

アヌビスの妻は、自分のいった言葉についての恐れで一杯になっていた。そこで、彼女は脂肪と獣脂を用いて、打たれたふうに装った。「あなたの弟が私を打ったのです」というためであった。

いつものようにアヌビスが夕方になって帰ったところで、妻は伏せっていて病気のようであった。彼女は、いつものように、アヌビスの手に洗い水をかけることをしなかった。灯火《あかり》をつけることもしなかった。家は闇の中にあった。妻は伏せっていて吐いていた。アヌビスはたずねた。

「お前に悪い話しかたをしたのはだれだい？」「だれもそんなことはしません。あなたの弟のほかには、ね。あの人があなたのために種をとりに帰ってきたとき私はただひとりで横になっておりました。あの人はこういいました。『さあ、おいでなさい。一ときを一緒にすごしましょう。一緒に寝ましょう。鬘《かつら》をつけなさい』。あの人はこういったのですが、私は耳をかしませんでした。『私はあなたの母ではありませんか。あなたの兄は父のような人ではありませんか』。私はこういいました。するとあの人は恐れをなし、このことを私があなたに言うのを妨げるために、私を打ったのです。でも、もしあなたがあの人に生きつづけるのを許すのでしたら、私は自分で死にます。ですから、あの人が帰ってきたとき、あの人に何も聞かないで下さい。私は、あの人が犯そうとしたあの悪行を思うだけで気分が悪くなりますから」。

すると、アヌビスは豹のようになった。彼は槍をとぎ、これを手にとった。彼は、弟を殺すために家畜小屋の戸口のうしろに身をひそめ、家畜をつれて小屋に帰る弟を待った。ところで、弟は日が落ちてからも畑のすべての草を片付け、それから帰ってきた。先頭の牝牛が家畜小屋にはいったとき、その牝牛は牧人に向っていった。「気をつけて下さい。あなたの兄が、あなたを殺すために、槍をもってかくれています。あの人から離れなさい」。先頭の牛のいっていることを、彼は理解した。次の牝牛がはいり、同じことをいった。そこで、彼は小屋の戸口の下から中を覗いた。すると、槍を手にした戸口のうしろにいるアヌビスが認められた。弟は荷をおろすと、走って逃げた。アヌビスは槍をもってこれを追いかけた。

そこで弟はラア・ハラクティ〔太陽神のこと〕の名を呼んで言った。「わがよき主《ぬし》よ！罪ある者と正しき者とを審判するのは御身であります」。するとラアはその祈りを聞いた。

ラアは、弟とアヌビスとの間に、鰐で一杯になった広い水の拡がりを作った。こうして、一方は一つの岸に、他方は他の岸にいるのであった。アヌビスは手を二度打ち鳴らした。弟を殺せなかったからである。一方、弟は、他の岸からアヌビスに呼びかけて言った。「朝が来るまでそこに居て下さい。日輪盤が昇って来るとき私はあなたと一緒に裁きを受けましょう。そのとき、日輪盤は罪ある者を正しき者に引渡すでしょう。私はこれからあとは、決してあなたのそばに居ません。私は松の谷にまいります」。

大地が明るくなって次の日が来たとき、ラア・ハラクティは昇った。すると、二人は互いに相手を見た。若者はアヌビスに向っていった。「私の口が言うはずだったことを聞かないで、私を陰険に殺そうとして、追いかけたのは、なぜですか。あなたは私の父のようなものですのに。そして、あなたの妻は私の母のようなものですのに。そして、あなたの妻はこういったのです。種をもって来いとあなたにいわれて私が家へ帰ったとき、あなたの妻はこういったのです。『さあ、おいでなさい。一ときを一緒に過しましょう。一緒に寝ましょう』。ところが、あの人は逆のことをあなたに言ったのです」。こうして、彼は、彼とアヌビスの妻との間に何があったのかを、教えた。

それから、ラア・ハラクティにかけて誓って言った。「あなたは、淫乱な者に唆《そその》かされて、槍を手にして、私を陰険に殺そうとしたのですぞ」。彼は鋭い葦をとり、性器を切り落し、それを水に投げた。鯰《なまず》がそれを呑みこんだ。弟は力を失い、みじめな姿となった。アヌビスは心中、ふかく苦しんだ。アヌビスは大声をあげて弟のために泣いた。しかし、鰐のいる水のゆえに、弟のいる岸に渡ってゆくことはできなかった。

弟は言った。「そんな具合に、あなたは悪い行いのことを考えていました。あなたは、私があなたのためにした何か良き行いのことを、あるいは、私があなたのためにした数々の良き行いのことすらも、考えませんでした。さあ、自分の家に帰って下さい。そして家畜の世話をして下さい。私はもうあなたの居るところには参りません。私は松の谷へゆきます。あなたが私のためになすべきことは、私に何かが起きたことを知ったとき、私の世話をするために来てくれることです。私は心臓を松の木の花の上に置きます〔五体が襲われても心臓が別の場所にあれば安全である、ということを示す〕。松の木が切られて私の心臓が地面におちるなら、そしてその心臓を探してあなたが来るなら、たとえ七年かかろうとも、落胆しないで下さい。あなたが私の心臓をみつけ、真水をいれた器にいれるなら、私は蘇《よみがえ》り、私に悪行を働いた者に復讐することになりましょう。ところで、だれかがあなたに一杯のビールを渡し、そのビールがこぼれるなら、私に何かが起きたということをあなたは知るのです。そういうことが起きたときは、その場にとどまっていてはいけません」。

こういって、弟は松の谷へゆき、アヌビスは家に向った。アヌビスは頭に両手をのせ、埃りだらけになっていた〔服喪のしるし〕。家に着くや否や、アヌビスは妻を殺した。彼は死体を犬に投げ与えた。それから坐り、弟のために嘆き悲しんだ。

それから多くの日がたって、弟は松の谷にいた。彼と一緒にいるものは一人もなかった。

彼は日中は砂漠で獲物を狩り、夕方になると帰ってきて、松の木の下で眠った。その松の木の花の上に、彼の心臓が置かれていた。

それから多くの日がたって、彼は、松の谷に、自分の手で館を建て、すべての良いものをそこに満たした。彼は家庭をもちたいと思っていたからである。ある日、館を出たとき、国全体の事柄を扱う八柱神〔編集部註：四対の男女で構成された神々〕に出会った。神々は互いに語りあったのち、バタに向っていった。「おやおや！　八柱神の牡牛であるバタよ、御身は兄アヌビスの妻を避けて村を去っていらい、ただひとりでここにいるのか。アヌビスは妻を殺し、御身は悪行を働いた者たちに復讐したわけだ」。神々の心は彼に同情していた。そこで、ラア・ハラクティはクヌム〔人間創造の神〕に向って言った。「では、バタがただひとりで居ないようにするために、彼に妻をつくってやりなさい」。クヌムは彼のために同伴者をつくった。彼女は国じゅうのいかなる女性よりも美しい肉体をもっていた。すべての神々の種が彼女の中にあった。七人のハトホル〔愛の女神〕が彼女を見て異口同音に言った。「あの人は剣によって落命するでしょう」。

バタは彼女を熱愛した。彼女は家にとどまり、バタは日中は砂漠で獲物を追い、それをもちかえって、彼女の前に置き、こういうのであった。「外へ出てはいけない。海神がお前をさらってゆくといけないから。お前はその神から逃げることはできない。お前は結局は一人の女であるだけなのだから。私の心臓は松の木の花の上に置いてある。だれかがそれを見つけるなら、私はその人と戦わねばならない」。それから、バタは自分の心臓に関するすべてのことを明らかにした。

それから多くの日がたって、いつものとおりにバタは狩りに出かけた。若い妻は、家のそばにある松の木の下を散歩するために外へ出た。すると、海神が彼女のうしろに吼える波を走らせるのが見えた。彼女は走って逃げ、家へ帰った。海神は松の木に向って言った。「あの人をつかまえてくれ」。松の木は彼女の髪の毛を一束もってきた。海神はそれをもってエジプトへ行き、国王の洗濯係のいる場所に置いた。髪の束の香りは国王の衣服に移った。国王は言った。「国王の衣服にポマードの香りがある」。国王は洗濯係と毎日言い争った。洗濯係の長は洗濯場へ来て見た。毎日の言い争いのゆえに、彼はいたく心を痛めていた。水の中にある一束の毛髪をみて、彼は砂の上に立ちすくんだ。彼は人を潜らせ、それを引きあげさせた。その香りは類いなく快いものであった。彼は、それを国王に届けた。国王の全書記と全学者が呼び集められた。彼らは国王に言った。「この毛髪の束は、ラア・ハラクティの娘のものです。彼女の中にすべての神の種があります。これは、他国から来た国王への贈品でありますす。したがいまして、人をすべての国に差し向けて、彼女を探し出すようにして下さい。松の谷へ赴く使者については、彼女をつれかえるための多数の人員をつけてやって下さい」。国王は言った。「よろしい。諸君の言ったことは非常によろしい」。こうして使者たちは出発した。

それから多くの日がたって、異国へ旅立った人びとは帰って来て報告した。しかし、松の谷へ行った人びとは帰って来なかった。バタが彼らを殺したからであった。もっとも、バタはただ一人だけを生かした。その男が帰国して報告できるようにするためであった。そこで国王は彼女をつれかえるために大軍と戦車隊の大部隊を派遣した。彼らとともに一人の女がいた。その手には、あらゆる種類の美しい女性用装飾品がつけられていた。この女は、くだんの女性をつれてエジプトへ帰って来た。国じゅうが歓喜した。国王は彼女をいたく愛し、大愛妾とした。

国王は彼女の夫について語らせようとした。彼女は言った。「松の木を切り倒させて下さい」。松の木を切るために銅の道具をもった兵士が派遣された。彼らは松の木の場所に着き、バタの心臓の乗っている花を切った。その瞬間、バタは死んで倒れた。

大地が明るくなって次の日が来た。松の木が倒されたときにバタの兄アヌビスは自分の家にはいって手を洗うために坐った。人が一杯のビールを差しだしたが、ビールはこぼれた。ついで一杯の葡萄酒が差し出されたが葡萄酒は濁った。アヌビスは棒をとり、サンダルをはき、衣服をつけ、武器をとって、松の谷に向った。

彼は弟の館にはいった。弟は寝床の上で横になって、死んでいた。死骸となっている弟の姿を見て、アヌビスは涙を流した。アヌビスは、弟の心臓を求めて、弟が夜になると寝ていた松の木の場所へ行った。彼は三年間探したが見つけることはできなかった。四年目がはじまったとき、彼の心はいたくエジプトへ帰ることを望んだ。彼は心の中で言った。「明日出発することにしよう」。

大地が明るくなって次の日が来ると、彼は松の木の下を歩きはじめた。彼は一日を弟の心臓を探すことに費やし、夕方、帰路についたときも、なおも探しつづけた。彼は種を一個発見し、これを持ち帰った。実はそれは弟の心臓なのであった。彼は一椀の真水を用意し、そこに種を投げいれ、いつものとおりに坐った。

夜になって、心臓がたっぷりと水を吸うと、バタの五体はふるえた。バタはアヌビスを見つめた。彼の心臓はまだ椀の中にあったのに。そのときアヌビスは弟の心臓のはいっている真水の椀を手に取り、バタに飲ませた。心臓が本来の位置に戻ると、バタはかつての日と同じようになった。二人は互いに抱きあい互いに語りあった。

バタはアヌビスに言った。「見て下さい。私は大きな牡牛になります。それはあらゆる美しい色をそなえています。しかし、未知の性質をもっているのです。あなたは太陽が上るときまで私の背中に坐って下さい。私たちがわが妻のいるところに着いたとき、私は復讐します。あなたは、私を国王のいるところにつれて行って下さい。国王はあらゆる善いものをあなたに下さるでしょう。国王は、私をつれて来た功績によって、私の体重にひとしい銀と金をあなたに下さるでしょう。私は大きな驚異となりましょう。国じゅうの人が私のせいで歓喜するでしょう。そのあと、あなたは村へ帰ることになります」。

大地が明るくなって次の日が来ると、バタはアヌビスにいったとおりの
ヌビスはその背に坐った。牡牛は国王のいるところに着いた。国王は牡牛のこと
いて、牡牛を見に来た。国王は大いに歓び、牡牛をたたえて大いなる犠牲を捧げてこ
た。「これは大いなる驚異である」。国じゅうが歓喜した。アヌビスに牡牛の重さの銀と金が贈られた。それから、アヌビスは自分の村に落ちついた。彼に多くの人員と大量の財産が贈られた。国王は国の、すべての人よりもアヌビスを愛した。

それから多くの日がたって、牡牛は料理場にはいった。彼は国王の愛妾のそばに来て、彼女に話しかけた。「御覧、私はまだ生きているのだよ」。彼女は言った。「あなたはだれなの？」牡牛は答えて言った。「私はバタだよ。お前が国王のために松の木を切り倒させたことを、私は知っている。私を生かしておかないために、そういうことをしたのだ。ところが、私はまだ生きている。私は牡牛となっているのだ」。

愛妾は夫の言ったことに極度に恐れをなした。そこで彼女は料理場を出ていった。国王は坐って、彼女と楽しい一日をすごした。彼女は国王に酌《しゃく》をした。彼女を相手に、国王は大いに楽しんだ。彼女は国王に言った。「神かけて誓って下さい。お前の気にいるためにお前の言うことは何でも聞く、と」。国王は彼女の言うことを聞いた。「牡牛の肝を私に食べさせて下さい」と彼女は言った。国王の心は恐しく痛んだ。なぜなら、国王の心は牡牛に対する同情にみちていたから。

大地が明るくなって次の日が来ると、牡牛の犠牲のために大供物祭を開くことが宣言された。牡牛を絞め殺すために、国王の最高の屠殺人があらわれた。こうして、牡牛は絞め殺された。

牡牛が運搬人の肩に乗っていたとき、屠殺人は牡牛の頸を強く打った。すると、二滴の血が国王の二枚の扉の竪框《かまち》のわきに飛んだ。一滴は一方の扉のわきに、他の一滴は他方の扉のわきに。二枚の扉は二本の大きなペルセアの木となった。いずれも見事な木であった。国王に報告が届けられた。「二本の大きな木が、一晩のうちに、国王の大扉のわきに育ちました。国王のための一大不思議であります」。二本の木のゆえに、国じゅうが歓喜した。国王は二本の木のために犠牲を捧げた。

多くの日がたって、国王は、あらゆる種類の飾りを首につけて、ラピス・ラズリの室へあらわれた。国王は黄金の車に乗って王宮を出、ペルセアの木を見に行った。愛妾は王のうしろの車に乗って出かけた。王は一本のペルセアの木の下に坐り、愛妾は別のペルセアの木の下に坐った。バタは妻に向って言った。「おい、裏切り者。私はバタだ。私はまた生きている。お前がいろいろとやってみてもだ。お前が王のために、松の木を切[illegible]せたことを私は知っている。私をなきものにしようとしたのだ。私は牡牛に変身した[illegible]するとお前はまたしても私を殺させたのだ」。

それから多くの日がたって、愛妾は起床し、王に酌をした。王は彼女を相手にんだ。彼女は王に言った。「神かけて誓って下さい。気にいってもらうために、お前の言うことは、何でも聞くよ、と」。王は彼女の言うことを聞いた。彼女は言った。「この二本のペルセアの木を切り倒させて下さい。この二本のペルセアの木を美しい家具にして下さい」。王は彼女の言うことを聞いた。王は直ちに有能な職人たちを派遣した。彼らは王のペルセアの木を切り倒した。愛妾は王の妃としてそれを見ていた。一個の木の断片が飛び、愛妾の口の中にはいった。彼女はそれを呑みこんだ。直ちに、彼女は身ごもった。二本の木は彼女の望みどおりに処理された。

それから多くの日がたって、彼女は一人の男子を出産した。使いが王のもとへ来て「一人の男子が生まれました」と告げた。新生児は運ばれてきた。一人の乳母と多くの護衛係が付けられた。国じゅうが歓喜した。王は坐り、幸福な一日をすごした。王は歓喜の中にあった。王はこの子をいたく愛した。王はこの子にクシュの王子という名を与えた。それから多くの日がたって、王はこの子を国全体について王位継承をする皇太子とした。

それから多くの日がたって、皇太子の多くの歳月がすぎたとき、王は天へ飛び立った。新王〔バタ〕は言った。「王の高官はすべて集まるように。私の知ったあらゆる冒険を語るから」。王妃がつれてこられた。一同の前で彼女は裁かれた。一同はその裁きを良しとした。アヌビスがつれてこられた。王は彼を国全体の王位を継承する皇太子とした。三〇年のあいだ王位にあったのち、王は去った。その日、アヌビスがその後を継いで即位した。

物語はここでおわる。悪い女は、もちろん処刑されたはずである。われわれは、エジプトの農民が、夜になると、この物語の一部ずつを、親が子に語っている風景を想い描くことができる。物語が文字となって残っているという前提には、長く広く語りつがれたという事実が存する。エジプト人は、書くことに情熱をもつより前に、語ることに熱心だったのである。

エジプト犬のミイラ

交配によって新しいタイプの犬をつくりだしたのも新王国時代のエジプト人である。この時代に、やせ型のグレイハウンドと短足犬が生れている。犬をもつのは、主として王族と貴族であって、犬がどれほど民衆のあいだに行きわたっていたかをいうのはむずかしい。

王、王族、貴族の狩猟はさかんで、さまざまの狩猟図が墓室画や副葬品や碑板に残されている。第十八王朝のツタンカーメン王墓で発見された副葬品は、とりわけ箱や扇などに施したレリーフによって、生き生きと狩猟の模様を伝えている。この王墓からは、弓、ブーメラン、槍などの狩猟道具も多く出ている。

犬を外国から輸入した例もある。これは、第十八王朝のハトシェプスト女王の時代のことで、女王は香料輸入のために大商船隊をプントの国（たぶん東アフリカのソマリア）に派遣したさい、複数の犬を同時にもちかえらせている。犬の数は分らないが、王宮に持ち帰るに値するエキゾチックな感じをもつ犬であったはずである。

犬について古代エジプト人が恐れたのは狂犬病の犬であった。野犬に咬《か》まれると、直ちにその恐れが生じた。それをどうやって処置したのか、医学上の処置もあったはずであるが(ライオンや鰐の咬傷の医学的処置は分っている)、犬についてのものは分っていない。分っているのは、呪文による処理あるいは対応である。末期王朝時の呪文書によれば、その文句は次のとおりである。

犬に咬まれた傷に対して唱うべきもの。私はアルカの墓地から帰って来たところだ。私の口は黒い犬の血で一杯になっている。私はその血を、犬の……〔パピルスの文字欠落〕に吐くだろう。おおアヌビスに属する十頭の中の一頭である汝、アヌビスのまぎれもない息子である汝、汝の毒を抜き取

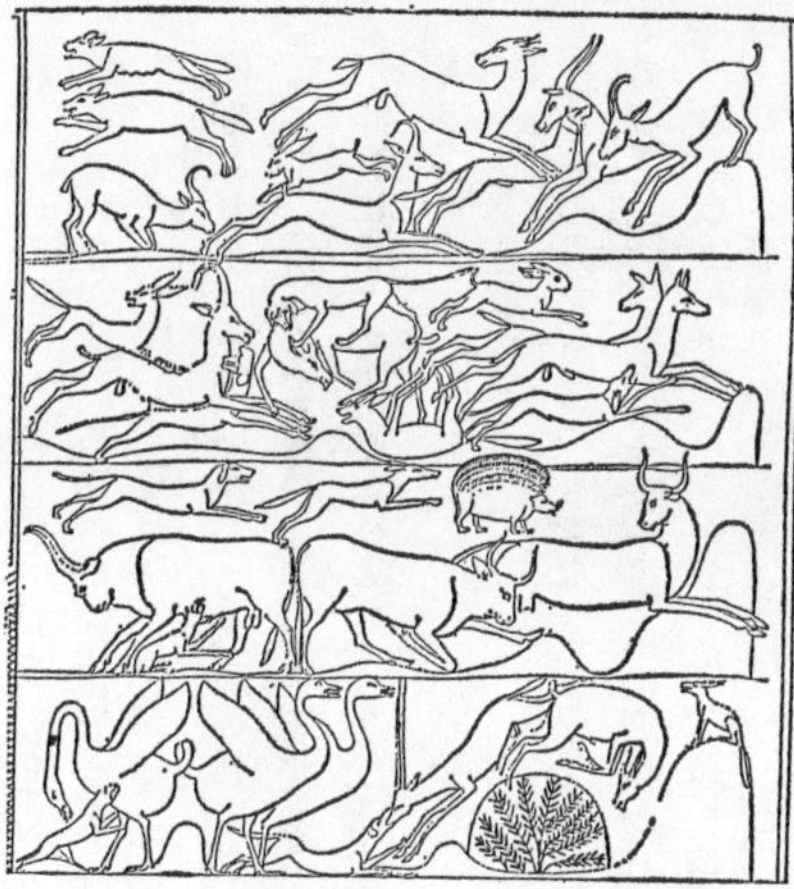

狩猟で活躍するエジプト犬

れ。汝の唾液を私から引き離せ。汝が汝の毒を私から抜き取らず、汝の唾液を私から引き離さないならば、私はわが監視塔であるオシリス神殿の庭に汝を連行するであろう。そして、呪術師であり、魔法の力の女王であるイシスの望みのままに、いかなる者にも術をかけることができ、いかなる人の術にもかからないイシスの望みのままに、私は汝を……〔パピルスの文字欠落〕として扱うであろう。〔以上を唱えたのち〕患者は葱《ねぎ》をクム〔意味不詳〕によって大蒜《にんにく》を粉とし、これを犬の傷口に塗れ。患者は傷が治るまで呪文を毎日、唱えよ。

狂犬病の犬をも含めて（なぜなら呪文書にも明示されているようにこれまたアヌビスの子である）、死んだ犬はすべて鄭重に取扱われ、ミイラにして葬られた。どのようにして？　ガイヤール・ダレシ報告にもとづいて、古代エジプトの犬のミイラのいくつかの例を、別枠記述で示すことにする。この章の冒頭で見たものは、種類、体形、体格を知るためであったが、こんどは、ミイラの包みかたがいかに入念であったかという点がわれわれの主たる関心事である。全体に共通していることは、体軀を木の幹のように包み、その頂点で犬の頭が突き出るようにしてある、ということである。また包帯は樹脂と瀝青に漬けたものである。前肢は腹にそって伸ばしてあり、後肢は腹に向って折りまげられている、ということである。

ガイヤール・ダレシ報告（犬のミイラの包装）

①　長さ七七センチ、幅二〇センチ、黒と明るい褐色の包帯が直交する形で巻いてあり、さまざまの幾何学的な模様を生みだしている。頭部は多くの包帯で顔の長い線にそって巻いてあり、その上を垂直状に包帯を巻き、締めてある。

②　長さ七六センチ、幅一五センチ。外側の包帯はすべて斜めの方向に巻いてある。それは全体の周囲に、八本の山形の縦走線を形成している。頭部は、犬の頭を象《かたど》った彩色厚紙で作った一種の仮面で守られている。その顔は黒で、被《かぶ》りものは青である。

③　長さ五四センチ、幅一一センチ。広い包帯に巻かれている。装飾はない。頸部に巻いた狭い包帯がさまざまの包帯の層を締めている。

④　長さ八七センチ、幅一五センチ。外部は明るい色と濃い色の布の包帯でできている。包帯は斜めの方向に巻いてある。包帯はその交叉の具合によって、いくつもの長方形または正四角形の幾何学的形状の列をなしていて、かなり装飾的な効果をあげている。頭部は顔の方向にあわせて横に巻いてある。

⑤　長さ五〇センチ、幅一二センチ、ミイラは頸のところまで黒と褐色の狭い布で巻かれている。巻きかたは斜めの方向である。この包帯はミイラ全身にいくつもの菱形模様をつくりだして

いる。頭部はリンネル布で包まれている。装飾はない。
⑥ 長さ二七センチ、幅七センチ。非常に若い犬。ミイラは明るい色と濃い色の布で包まれている。頭部は黒い漆喰に覆われている。口と眼は白い線で造形してある。布製の二本の角《つの》が直立した耳をあらわしている。黒と明るい褐色のいくつかの包帯は、それぞれが三個の長方形を形成している。
⑦ 長さ三〇センチ、幅一〇センチ。若い犬のミイラ。バラ色と濃褐色の二色の布で包まれている。頭部は黒い彩色で覆われている。口と鼻孔は、良質のバラ色の布で形づくられている。眼の円形もバラ色の布で示されている。さらに、三枚の包帯が頸を飾っている。中央の包帯は黒味がかった褐色で、両脇の二枚の包帯は明るい色である。
⑧ 長さ三四センチ、幅一〇センチ。バラ色と濃褐色の布によって包まれている。頸部は三枚の布で巻かれている。その色は、中央のものが黒、両脇のものが褐色である。この三枚がミイラ全体の包帯を締めている。

ミイラにされた犬がすべてアヌビスとみなされていたわけではない。中には信仰と無関係に、愛犬であったことだけの事情で鄭重に埋葬されたという犬もあった。

エジプト人の犬の愛しかたはその初期から深かった。新王国時代のエジプト人の愛犬の心情を伝えるものに『運命を予定された王子』という物語がある。

むかしエジプトに王がいた。王には子供がないので子を授けてほしいと神に祈った。神々はそれを聞いて、願いをかなえてくれた。めでたく男子が生れたのはよかったが、女神ハトホルがきてその王子の運命をきめてしまった。それは、「この王子は鰐か、蛇か、犬によって命を落すであろう」というのであった。

さて、王子は通りをゆく小犬を見て、それがほしくてたまらなくなった。王はねだられて、ついに王子に小犬を与えた。大きくなった王子は、この犬をつれて外国旅行に出た。そして外国の王女と結婚した。そのとき、王子は、自分が鰐か蛇か犬によって死ぬという運命をもっているということを告白した。すると妃はいった。「それなら、あなたの犬を殺させてください」。これに対して、王子の答えはこうだった。「何という愚かなことをいうんですか。私は私の犬を殺させはしません。あの犬は小犬のときから私が育てたのです」。

こういう形で、われわれはエジプト人の愛犬の心情を知るわけである。

話のつづきはどうなったかといえば、王子は蛇に会うが、その蛇は妃の手で殺される。そのあと、犬をつれて河岸を歩いていて、鰐に会う。鰐は「わしはあんたを待っていたが、今は悪魔と戦っている。悪魔を倒すのにあんたが手をかしてくれれば、あんたの命は助けてやる」という。

物語を書いたパピルスは、ここで切れている。犬が鰐を殺すのか、鰐が犬と王子を殺すのか、あるいは、何かの事故によって犬が王子を死に至らしめるのか。それは分らない。しかし、われわれとしては、王子の愛犬ぶりが示されていることで、この物語に満足することとしたい。

第三章　蛇

蛇を表わすヒエログリフ

二つのエジプト

紀元前三〇年、エジプト女王クレオパトラがローマ軍に敗れたとき、虜囚となることを恥じて自ら命を絶ったことはよく知られている。そして、その時使われた方法が蛇の毒であったということも。彼女は毒蛇に胸を咬ませたのであった。

この蛇の出現は、偶然のことではない。それは最もエジプトの君主の死を飾るにふさわしい存在であった。なぜなら、蛇はエジプト王の伝統的な友であり忠臣であり守護者であったのだから。

はるかな古い時代から、蛇はエジプト人にとって崇拝の対象であった。一方に感謝の蛇があり、他方に畏怖の蛇があり、いずれも崇拝の対象であった。

感謝の蛇というのは、農業に貢献する蛇であった。人間の住居の中に、あるいはその近くに棲んで、作物の敵である鼠などの小動物を捕える蛇であった（日本の農家で、古くから青大将などが屋敷蛇として尊重されたことを思いあわせてみることができる）。それらの蛇は、猫が出現するまでは、農作物の守護者であり、農民の守護神なのであった。

畏怖の蛇は、毒蛇をさす。エジプトには蛇の種類が多く、人間に有益な蛇とならんで、人間に有害な蛇もまた少なくなかった。その筆頭がコブラ（分類学ではエジプトコブラ *Naja haje*）であった。

しかし、感謝と畏怖だけがその崇拝の根底にあったわけではない。砂漠でも生きるその生命が、外皮を脱ぎかえてゆくその神秘、早い奇妙な動き、美しさ、もまたエジプト人をつよく捉えたのであった。蛇はとくに下エジプトに多かった。

こうして、エジプトのブトに都を置いて成立した下エジプト王国は、蛇をワジェトと呼び、それを王国・王冠の守護神とし、下エジプト王国のシンボルとした。ブトという都市名は、古代エジプト語ではペル・ワジェト（蛇の館の意）という都市名が、のちにギリシア語化して生れたもので、このほうが広く使われているので、私もこれにしたがう。

下エジプト王国が成立したころ、これと対立して上エジプトにはヒエラコンポリスに都を置く上エジプト王国が生れた。上エジプトの守護神・シンボルは、ハゲワシ（正しくはエジプトハゲワシ）の姿をもつ女神ネクベトであった。

この「二つのエジプト」についての記憶は深刻であり、両国がナルメル王によって統一されてからも、エジプト王国三〇〇〇年のあいだ、王は「一つのエジプト」の王ではなく、「二つのエジプト」（上エジプトと下エジプト）王という認識と称号を決して捨てることはない。

第一王朝の二代目の王アハの碑板には、上下エジプトの両女神が王の称号として用いられている。しかし、それはすぐには習慣化せず、蛇のみが優位を見せることもあった。第一王朝の四代目の王ワジェトの場合がそれである。王の碑板は、王宮を示す四角の枠の中の下段に王宮正面を示す図柄を置き、その上に首を立てた蛇を示している。「蛇王《じゃおう》」の名を、それ

蛇王の碑板（第1王朝）

が示しているのである。これはエジプトのアビドス出土の、高さ二・五メートル、幅六五センチ、の石灰岩製レリーフであって、初期芸術品として高い評価を受けている。

古王国時代になって、ヒエログリフが整備されると、蛇神としてのワジェトと蛇そのものが区別された。生物としての蛇はウライと呼ばれた。同時に、蛇は表音効果としてはf（フ）を示すことになった。ピラミッド・テキストは、そのようにして整備されたヒエログリフによって書かれたわけだが、女神ワジェトとその信仰の地ブトについての記述はいくたびでも出てくる。そのいくつかを読んでみよう（ブトの名はテキストではいくつかの形をとるが、ここでは混乱を避けるためにブトに統一して示す）。

第五六節にいう。「ブトにあるホルスの眼よ、平和のうちに眼覚めよ」。ホルスの眼というのは、ホルスが敵セトに討たれていったんは失った片目を、結局はとりもどすという神話に由来するもので、生命・復活・力をあらわす。

第一九四節に「おお、誇り高き蛇よ、王は御身のもとに来た」とあり、第一九八節にいう、「偉大なるイケトは御身〔王のこと〕を生んだ。蛇のイケトは御身を生んだ。蛇のイケトは御身を生んだ。偉大なるイケトは御身を生んだ。なぜなら、御身は、ホルスの眼によって守られたホルスであるから」。ここでは、蛇は女神イケトの名であらわれている。

第三〇九節には「王のために嘆くものは、ブトの女神である」と記してある。ブトの女神は、女神ワジェトのことである。その女神と王との結びつきを第三一三節は述べている。「王のために嘆くものはブトの女神。彼女は王の妹である」。

第四七八節はいう。「王のもとに、ブトの神々は来る」。エジプト全土の神々が王の昇天を助けるという場面にこの文章はある。ここに、ブトで崇拝されていたのは女神ワジェトのほかにも複数の神であったということが示されている。第五六一節は「もろもろの魂はブトにある。まこと、もろもろの魂はブトにある。もろもろの魂はブトにありつづける。わが魂〔王の魂〕もブトにある」と述べている。

第六九七節では蛇大神についての言及がある。ここでは女神の蛇ではない。「余〔王〕はブトより来た。火よりも赤く、タマオシコガネよりも生命にあふれて。余は大いなる蛇を見た。余は大いなる蛇の来襲を受けた。余の槍は大いなる蛇を刺した。その頭は余に与えられた」。ここでは、敵性存在としての雄蛇が示されている。

第九〇〇節にいう。「おお、王よ。御身が生みだす畏怖は無傷のホルスの眼、白い王冠、

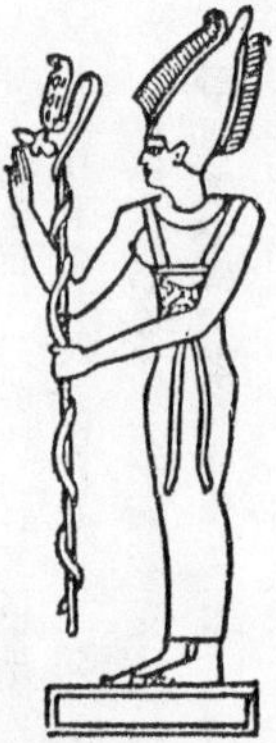

コブラ状の杖をもつ女神ネクベト

およびネケブにいるワジェトに由来する」。ここに出ているホルスの眼についてはすでに述べた。白い王冠は上エジプトの王冠であり、ネケブはエジプト統一以前の上エジプト王国の都である。したがって、下エジプトの女神ワジェトが上エジプトで威力を発揮していることを、このくだりは示している。ここでのワジェトは王の威力の根源であるとともに王自身の肉体上の出自の母体でもある。ついで第九〇二節にいう。「おお王よ、二組の九柱神の上に御身の力を安定させよ。御身の額に位置する二体のワジェトのように」。

第九一一節にいう。「おお健康なるもの、おお赤い王冠、わが母なるもの、ブトの地の女神よ、余〔王〕が乳を吸うことができるように、余に御身の胸を与えよ」。女神ワジェトは、さきに王の娘としてうたわれ、ここでは母として述べられている。

第一〇〇四—〇五節には、ブトの神々がオシリスのもとに来て、王の復活に手をかしてほしいと訴える場面が書いてある。そのさい、ブトの神々の中に、女神ワジェトはもちろん含まれている。

第一一〇七節はいう。「余はゆく。わが場所に向って、ブトの女神はよろこび、……」。第一一一一節は「ブトに住む女神は余に腕を差しのべた。見よ、余はいまここにある」。第一六七一節には「ブトのワジェトよ」と女神名を明示してある。

一方、蛇は天空の蛇という名の女神、死者を守る女神としても尊崇された。ピラミッド・テキストには次のように描かれている。

第一一八〇節にいう。「余は生命の野に、天空のラアの住居に、向うべく定められている。余は天空の蛇に会った。これはアヌビスの娘である。彼女は大神の心臓に生気を与えるヌムストの壺をもって余を迎えた」。

ついで一二八五節に「星一杯の天空は御身〔オシリスのこと〕の愛する天空の蛇に奉仕する」とあり、第一三四八節に「天空の蛇は王を彼女の傍らに置き、牧者としてケントゥイシュ〔意味不詳〕のあいだにおろした」とあり、第一三六四節に「余の腰は天空の蛇の腰であり……」と書いてある。

王の身体の部分を天空の蛇のそれに比べる記述は頻繁に出ており、第一九九五節には「御身の背中は天空の蛇である。天空の蛇は、その父アヌビスの館で、御身の心臓に活力を与える」とある。

天空の蛇はアヌビスの娘というのがこれまでの記述であるが、王の妹でもあるという関係が第二一〇三節に示されている。すなわち「おお王よ、御身の妹、天空の蛇は牧草地の道で御身を浄め……」とある。

しかし、蛇の中には死者の敵となるものもある。敵性存在あるいは妖怪としての蛇の姿は、ピラミッド・テキストに、いくつも描かれている。第二二五節から第二四七節までは、この妖怪を回避あるいは退治するための祈禱文である。この妖怪蛇に固有名詞はない。第二二六節にいう。「おお怪物よ、横たわれ。這って去れ。王は水の中にはいった。おお蛇よ。反対側へゆけ。なぜなら、ラアが御身を見ている」。第二二七節にいう。「黒い巨体の頭が切り落とされた。おお蛇よ、余はこのことを御身に対抗するためにいう」。第二三七節は「倒れよ、大地よりあらわれ出た蛇よ。倒れよ、深淵よりあらわれ出た炎よ。倒れよ、這って去れ」。

ヒエログリフで蛇の図の音はfである。しかし、文字として墓室内にこの図を描くとき、しばしば一部分が切断されている形で示された。完全な姿で描かれた蛇の図は害をもたらす、と考えられたからである。

『難破船水夫の物語』

中王国時代になると、蛇の機能は多様になり、顕著になる。善なる神としての性能が強調される反面で、敵性の蛇がアポピスという固有名詞をそなえてあらわれる。一方、蛇は州の名となり（蛇の州）、ウラエウスと呼ばれる蛇は王冠の守護の女神となって王冠飾りの必須の存在となる。王冠飾りの場合には、蛇の性格に、善なる神の要素と、強力な敵の要素が混りあっている。最も強い敵としての力は、いったん味方となれば（あるいは王の機能の中に取りこんでしまえば）、これほど強力な味方はないからである。

善なる神の姿はコフィン・テキスト第四四節に次のように描かれている。「おお、誇り高き蛇よ。王を形づくったのは御身。王が生れ出たのは御身からである。おお、王よ。蛇の女神が御身を生んだ。偉大なる女神が御身を生んだ」。

民衆レベルの善なる蛇は、興味ふかい『難破船水夫の物語』に語られている。形式上の主人公は難破船水夫であるが、話の興味ふかい点は蛇の部分である。その物語に、しばらく眼を注ぐことにしたい。

王冠を飾るウラエウス（コブラ女神）

話はナイル河をくだる船の中ではじまる。上エジプトの職を解任された高官は、船で首都テーベに向う。彼は憂いに沈んでいる。船長は彼をはげますために、自分の体験を語りはじめる。「人生、暗い日もあれば晴れる日もある。諦めと絶望はいけない」というのが彼の体験談のねらいである。さてその体験談というのは——。

彼はシナイ半島に行く船に船員として乗った。鉱物資源を運びにゆく船であった。船のゆく海はもちろん紅海である。途中で大嵐に会い、船は難破する。生き残ったのは彼ただひとりであった。彼はある島の岸に打ちあげられたのだった。作品そのものに従って話を進めると次のような具合である。

私は三日間をただひとりで過しました。私の仲間は私の心だけでした。木の近くで動けなくなって横たわっていた私は、その木の陰にたどりつきました。そして、口にいれるものはないかと探しました。と、イチジクの木、葡萄の木、あらゆる種類のみごとな野菜、切りこみをつけたエジプトイチジクの木の実、切りこみをつけていないエジプトイチジクの木の実、栽培されたかのようなキュウリを見つけたのです。魚も鳥もいました。要するに、何もかもあったのです。私はそれらを取り、一部を地面におきました。というのは、とても運びきれる量ではなかったからです。それから、私は火起し棒をとりだし、火を起し、神々に犠牲を捧げました。

そのとき、私は雷のような響きを耳にしました。それは大いなる緑〔紅海のこと〕の波の音だろうと私は思いました。木々は倒れ、地は震えました。顔の覆いを外してみますと、一匹の蛇が近づいてくるのが見えました。その体長は三〇キュビット〔約一五メートル〕あり、その頭は二キュビット〔約一メートル〕をこえていました。その四肢は黄金で覆われ、眉はまことのラピス・ラズリでできていました。蛇は用心深く進んできました。

蛇は私に向って口を開きました。私は彼の前に腹ばいになっていました。「小さい者よ、だれがお前をここへつれてきたのか。だれがお前をここへつれてきたのか。そのことを言うのに手間どるなら、お前は灰となってくだけ、二度とだれの眼にも見えないものとなるようにする」。私は答えて言いました。「私にはあなたの言うことが分りません。私はあなたを前にしまして、気も動顚《どうてん》しているのでございます」。

すると蛇は私を彼の口の中にいれ、彼の隠れ場所へつれてゆき、衝撃もなしに私を地面におろしました。私には何の異常も感じられませんでした。彼は口を開いて言いました。私は彼の前で腹ばいになっていました。「小さい者よ、だれがお前をここへつれてきたのか。大いなる緑の波に岸を洗われているこの島に、だれがお前をつれてきたのか」。

私は彼の前に両腕をのべて、答えました。「分りました。私は主君の命を受けて、長さ一二〇キュビット〔約六〇メートル〕、幅四〇キュビット〔約二〇メートル〕の船に乗って鉱山に向いました。エジプトのエリート船員一二〇人が乗り組んでいました。〔中略〕こんな次第で、私は大いなる緑の波によって、この島に運ばれたのでございます」。

すると蛇は言いました。「恐《こわ》がることはない。恐がることはない。小さい者よ。私の前に来たからには、もう苦しみの顔はみせないがいい。神は、間違いなく、御身が生きることをお許しになった。なぜなら、ないものがないこの島に、あらゆる好いものがみちているこの島に、神はお前をお運びになったのだから。四ヵ月がすぎるまで、お前はここで日をすごすがいい。それから、お前の国から、お前の知っている人びとを乗せた船が一隻、来る。お前は、その船に乗って帰国し、お前の村で死ぬことになる〔自分の生国と生地で死ぬことはエジプト人の願いであるということを、思いおこしていただきたい〕。最大の苦痛を一たび過ぎると、その経験を語るのは、いかに幸せなことか。では、こんどは、私がお前の経験したことに似たこと、この島に起きたことを語ることにしよう」。

「私は仲間と一緒にこの島に住んでいた。子供もいた。われわれは全員で七五匹の蛇であった。祈りによって得た一人の年少の娘のことは語らないことにしよう。

一つの星が落ちてきた。星の力を受けたものは燃え上った。私が仲間と一緒に居ないときに、そういうことが起きた。仲間は燃え上り、私はそこに居なかった。私は、一山の死骸となった仲間を見て、もう少しで死にそうになった。

お前が強い男であるなら、気をしっかりもちなさい。お前は子供を胸に押しつけることになるよ。お前は妻を抱擁することになるよ。お前は自分の家を再び見ることになるよ。それは何にも勝ることだ。お前は国へ着き、兄弟たちにかこまれて暮すことになるよ」。

そこで私は腹ばいになって、彼の前で額を地につけて言いました。「私はあなたの力のほどを主君に話します。そして主君があなたの偉大さを承知するようにいたします。あなたのもとに、イビ、ヘケヌ、イウデネブ、ケサイトなどの香水を、また各神殿で神々をよろこばせる香を届けさせるようにいたします。私は、あなたの力のおかげで見たものを心にとどめ、この島で起きたことを報告いたします。全国の名士を前にして、王は都であなたへの感謝を申し述べるでしょう。私は、あなたのために、牡牛を犠牲として捧げ、あなたのために家畜の頸をねじります。あなたのもとに、エジプトの貴重な産物を届けさせるようにいたします。人間の知らない遠い国で、人間を愛する一柱の神のために、それは当然になすべきことであります」。

彼は私を、というよりは私の言ったことを笑いました。無意味なことだと彼は思っているのでした。彼は言いました。「お前は生れながらに松脂《まつやに》はもっているが、沢山の乳香はもっていない。ところがプントの国の王である私のほうはといえば、乳香は私のものだ。お前が届けるという香水ヘケヌは、この国の主産物だ。それにまた、お前がこの島を去ると、この島を再び見ることは永久にないだろうよ。島は波になっているだろうからな」。

さて、彼の予言した船が来ました。私は行ってみました。木の上にのぼってみると、船に乗っているのは私の知っている人たちでした。そこで、私はこのことを蛇に報告にゆきました。すでに彼は知っていました。彼は言いました。「小さい者よ、健康で、健康で。お前の都で私の名が好い名となるようにしてくれ。お前に求めるのはそれだけだ」。

私は腹ばいになり、両腕を彼に向って伸ばしました。彼は、乳香、ヘケヌ、イウデネブ、ケサイト、ティチェペス、チャセクなどの香水、黒い眼薬、ジラフの尻尾、大量の松脂、象牙、猟犬、尾長猿、猿、および上質の貴重な産物をすべて詰めこんだ荷物を私にくれました。私は船にそれを積みこみました。彼にお礼を言うために私が腹ばいになると、彼は言いました。

「お前は二ヵ月たつと故国へ着く。お前は子供を胸に抱きつける。お前は再び若者になる。それから、お前は故国で一生をおえる」。

それから私は船の近くの岸に下りました。そして船の乗組員に呼びかけました。私は岸で、この島の主に感謝を捧げました。

物語はなおつづく。難破船の水夫は蛇の予言どおりの日数で無事に故国に着き、蛇からの土産物を王に献上し、高位の称号を与えられる。そして、こういう経験をながながと語った彼は、ナイルの河をくだる船の客、失意の高官をなぐさめる。しかし、高官のほうは、「気を使わないでくれ。朝のうちに絞め殺される家畜にだれが暁に水をやるだろうか」とペシミズムの思いを述べるだけである。

この物語は美しい。人を助けて自らは滅びゆく蛇のくだりには哀愁があり、とくに魅力的である。多くの古代エジプトの文学作品のうち、これは私の最も好むものの一つである。

最強の敵性存在としてのアポピスは、コフィン・テキストに頻繁に出てくる。第七六節にいう。「アポピスを近寄らせぬ牡牛よ、余〔王〕のために梯子をたてよ」。第八

○章は「余〔アトゥム神の子〕は王が一四の世界へ渡る旅をするとき、王をアポピスから救う」。アポピスは王だけでなく大神ラアそのものをも攻撃する敵である。そこで第二八四節に「アポピスからラアを救いだすホルス」とある。

第四一六節にいう。「余は叛乱者を駆逐した。余はアポピスを無能力にした。余はアポピスを引きだした。その燃える煙は空から出て叛乱者の穴にはいってゆく」。

第六四四節に「余は、天空への道を開くために、アポピスを倒すために、来た」。第六八一節に「ヌウト〔天の神〕はアポピスを攻撃した」。第六八九節に「余〔王〕のために王冠をアポピスから奪いかえせ」。

悪蛇アポピス

新王国時代になると、『死者の書』その他の宗教文書まで、蛇はさまざまの姿で、またさまざまの状況の中で、描かれた。

敵として、悪蛇アポピスのほか新しい蛇の悪魔も、いくつかつくられている。蛇への恐れが増大したからであろう。第七章にはこう書いてある。

おお忌まわしい蠟《ろう》の蛇アポピスよ、
御前は弱き者を、途方にくれた者を殺して生きる。

見よ、余は弱き者ではない。
余は疲れ果てて気力のない魂ではない。
御身の毒は、わが四肢にはいることはできない。
なぜなら、余の身体はアトゥムの身体である。
御前自身が苦しみを覚えないなら、
苦しみはわが四肢に達することはできない。
なぜなら、余は天の大海の中でアトゥムである。
まことに、まことに、すべての神々は永遠に余を守る。
余の名は神秘。
余の住居は永遠に神聖である。
余は地獄の審判者を恐れる必要は、もはやない。
なぜなら、これからは、余はアトゥムそのものに同伴してゆく。
余は強力である。余は強力である。

冒頭に「蠟の蛇」とあるのは、蠟の蛇に向って祭司あるいは読経者が悪邪退散の呪文を唱える状況を示している。第三三章には、新しい蛇の悪魔レレクが登場する。

レレクよ、蛇の頭をもつ悪魔よ、とどまれ。おとなしくせよ。
見よ、シュー〔大気の神〕とゲブ〔大地の神〕が道をふさいでいる。
動くな。いま居るところにとどまれ。
なぜなら、御前はラアの忌み嫌う鼠を食するから。

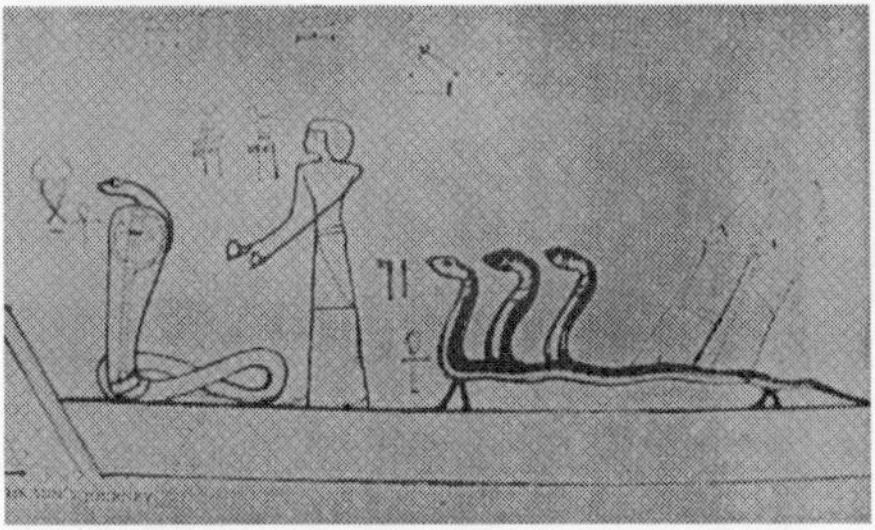
死者の世界で死者の道案内をする蛇

蛇の姿をもつ敵を退治するものは、猫女神のバステトで、これは経文でよりも、絵図で多く描かれた。すなわち、ヘリオポリスの聖樹のわきで大蛇を刀で殺す猫、という図である。自分の彫像に呪文あるいは祈願の文字を刻んで、毒蛇の災難から逃れるというやりかたもあった。ルーヴル博物館にあるこのたぐいの彫像には、次のような文字が見られる。

「バステトは、この男を咬んだすべての敵、すべての蛇、すべての雌蛇、すべての蠍《さそり》、すべての毒液をもつ動物を、捕えた。毒を受けたこの男は、見よ、その心臓も胸も、彼に与えられるこの魔術の加護によって強くなる」。

アポピスを退治するもう一つのものは、オカピの姿で図像化されるセトである。第一章のオシリス神話のくだりで見たように、セトはオシリスを殺した邪神として古くから理解されてきたのであるが、新王国時代に、その性格に変化が生じ、「ラアの船の後部に坐っていて、攻撃して来るアポピスを退治する神」となったのである。これは『死者の書』には出ていないが、第十九王朝の碑板に明記されている。善神と邪神を同一のものに認めるのはエジプト神学の御家芸であり、エジプト思想の基本的な二元主義(その出発点はエジプトが上下二つの国から成っているということにある)がこういう形であらわれるのである。

善なる女神ワジェトは、もちろん、幾度も登場する。その一つは第一七章の末尾で、次のように記されている。

すべての神々は余を恐れる。
なぜなら、余は壮大であり、その強さは恐るべきものであるから。
余は余を冒瀆するすべてのものに矢を射つ。
余は余の正当な歓びに従って生きる。
なぜなら、余は炎の女神、ワジェトであるから。
余に楯《たて》つくものに災いあれ。

ワジェトとは別の善なる蛇女神レネヌテトも、新王国時代の創造である。この神名は「養う蛇」を意味する。作物を荒す鼠をはじめとする小動物を食い、作物の生長を助けるという事情に、明らかにこの神名は由来しているのであった。そして、レネヌテトが、別称として「肥沃な土地の女神」とか「穀倉の女神」というのを持っていたのも当然であった。レネヌテトの図像は、しばしば未成熟の穀粒を運ぶ蛇の姿で表現された。その穀粒自体もまた女神であって、ネプリという名をもっていた。そこで、レネヌテトの別称にはまた「ネプリの母」というのもあった。農業の女神であるレネヌテトは、当然のことに、エジプト最大の農業地ファユームで最も尊崇された。

レネヌテトはまた人間の身体に蛇の頭がついているという形で表現された。この姿は、絵図、レリーフのほか、彫刻としても造られた。レリーフのみごとな例の一つは、第十八王朝のアメンホテプ三世の時代の高官カエムハトの墓（テーベ）に残っている。

蛇の脱皮の姿は、古くからエジプト人に感銘を与えていたが、新王国時代には、この感銘が宗教文書に復活のシンボルとして登場した。

信仰の中で強力な怪物とされた蛇の前提には、実生活上の、毒蛇への恐怖があった。だから、蛇をも恐れないということは、勇者のしるしであった。第十八王朝の、「古代エジプトのナポレオン」というあだ名をもつ戦争王トトメス三世は、ベニ・ハッサンの神殿碑文の中に「蛇といえども余に何らの恐れを感じさせなかった」と誇らしげに記している。

ツタンカーメン王彫像の頭部を飾る蛇（ウラエウス）

　大蛇アポピスの、あの世での恐ろしさは、たとえば宗教文書『門の書』に描かれている。アポピスは一二人の人間を呑んで太陽の道を妨害しようとする。しかし、太陽が昇ると、呑まれた人間の頭がアポピスの体からあらわれ、アポピスを食いつくす。アポピスはこれで退治されたかといえばそうではない。太陽が沈んで闇の世界があらわれると、再びアポピスは力をとりもどし、人間はアポピスの体内にはいる。このような戦いが休みなくつづく。アポピスの難が去るのはいつも一時的であり、まるで、アポピスは滅びることがないかのようである。

　アポピスの同族であるこの世の毒蛇から難を逃れるにはどうするかといえば、呪文が有効とされた。その呪文は、ピラミッド・テキストいらい、あらゆる時代の宗教文書に断片的に記されているということは、すでに述べたが、それらを集大成した後期の『アポピス文書』というのが知られている。これは、紀元前四世紀の、エジプトのアレクサンドロス王（アレクサンドロス大王の子）の時代の文書である。特定の敵に対する呪文集として、知られているかぎり唯一のものであり、もって、いかに蛇が恐れられていたかということがわかる。

この呪文書は「アポピスに唾を吐くための呪文」、「アポピスを刺す刀を手に取るための呪文」、「アポピスに火をかけるための呪文」、「アポピスを火の中に投げこむさいの呪文」など、多くの項目に分けて記してある。ただし、呪文は口で唱えればよいというものではない。絵や模型の蛇をつくって、それに呪文をかけるのである。それはどういうことかというと、『アポピス文書』は次のように書いている。

新しいパピルスの上に、緑色でアポピスの図を描いて、これに呪文をかけよ。そのほかに、煉《ね》った蠟でアポピスを造り、その上に緑色でアポピスの名を書け。それからこのアポピスを火の中に投げいれ、アポピスによって火をつくれ。これを行うのは次の日、次の時刻である。ラア（太陽）の昇る朝、昼、ラアが生命の国に憩う夕、また夜の六時、朝の六時、さらに、祭典期間中は、昼も夜も毎時。月のあらわれる最初の日、月があらわれてから六日目と十五日目に。

嵐のさいのアポピスの難を逃れるには。パピルス製のアポピスを藁火《わらび》の中に投げいれ、その燃えかすを小便と一緒に壺におさめ、全体を火の中にいれよ。これを夜の六時と朝の六時に行え。この時刻が近づくとき、アポピスの上に唾をはき、左足で踏みつけよ。そのあとで右のことを行え。

呪文と指示は、このようにして、ながながとつづく。このような呪文は民衆の間でも行われているのであった。

蛇の恐ろしさ、すなわち蛇の力は、王家にあっては王冠の飾りとなったわけであるが、民衆のあいだでは、蛇の頭を模した護符を身につけることが習わしであった。蛇の頭は、退治された蛇の頭を意味し、その主人（携帯者）に奉仕して本来の力を発揮し、蛇をはじめとして他の災悪からも主人を守るということが信じられたのであった。

翼ある蛇

蛇は神格化されていたので、当然に、その死骸はミイラとされ、柩におさめて埋葬された。猫の場合のような、特定の大埋葬墓地があったわけではなく、その地域ごとの墓地に葬られた。アビドス、コム・オンボなどからは多くの埋葬蛇が発見されている。ガイヤール・ダレシ報告にもとづいて、そのサイズ、包装状況を示せば、別枠で記述のとおりである。

ガイヤール・ダレシ報告（蛇のミイラと柩）

① 包みものから外された蛇　直径一四センチ、高さ七センチ、コム・オンボ出土。蛇は数個

の部分にこわれているが、もとは二回または三回、包まれていた。身体のうち残っているものは、数個の椎骨《ついこつ》と肋骨《ろっこつ》、皮と鱗の断片であって、瀝青の跡と包み布の残りがそこに見られる。筋肉はほとんど残っていない。頭部はこわれているが顎骨の一部は残っていて、毒牙、顔の上顎板と面部と楯形模様が見られる。

牙と上顎板面部の形から見て、これはリンネの *Naja haje* である。これは古代エジプトの長い歴史の中で王権の蛇、神聖な蛇のイメージとなった種である。

②　包まれた蛇　長さ二三センチ、幅二〇センチ、コム・オンボ出土。やや楕円形のミイラ。ちがった色の、いくつもの布で包まれていた。すなわち、脇腹と下部は黄褐色の布で、上部は黒い布で包まれていた。上顎は明るい黄色の四枚の布で飾られていた。それらの布は二ないし三センチで、同一箇所で交叉するように配置されている。その包帯の端末は下顎部を保護する黄色い布で、締められている。

③　包まれた蛇　直径九センチ、高さ五センチ、コム・オンボ出土。このミイラは、布をかなり厚く巻いて包んである。上顎部は、二枚の明るい色の布と二枚の黒い布を直角に交叉させて飾ってある。交叉位置は面の中央である。

④　包まれた蛇　長さ一九センチ、幅一二センチ、コム・オンボ出土。楕円形のミイラ。上顎部は三個ずつの長方形を二本の縦線に配列して飾ってある。長方形は幅一〇ミリほどの二色のはいった帯で形づくってある。下顎部と脇は、ただ一枚の黄褐色の布で保護されている。

⑤　包まれた蛇　長さ二〇センチ、幅一八センチ、コム・オンボ出土。円盤状のミイラ。下顎部は、横に黄褐色の布が巻かれている。上顎部は明るい色の包帯と黒っぽい色の包帯で飾られている。この二つの包帯は円形の中央部で一辺一二センチの正方形を形づくっている。黒と褐色の短かい包帯がこの正方形を、いくつかの幾何学的な形に分割している。

⑥　蛇の柩　エジプトイチジクの木で作製。長さ二七・五センチ、幅五センチ、高さ四・五センチ。一個の木塊両端を、直角に切ったもの。上面に蛇の粗描が彫ってある。左脇に長さ一六センチ、深さ三センチの穴が造ってあり、これが蛇のミイラをおさめるところである。穴のサイズから見て、蛇は小さい。

⑦　蛇の柩の蓋　石灰岩製。長さ一三・四センチ、幅五センチ、高さ五センチ。表面に蛇が彫ってある。蛇の身体は三つの波形をつくっている。この蓋の内側と横に漆喰のあとがあり、数体の蛇のミイラをおさめた棺の蓋の役をしていたことを示している。

⑧　蛇の柩　エジプトイチジクの木で造ったもの。長さ一五・二センチ、幅六センチ、高さ六センチ。長いほうの側はドーム形の屋根を形づくっている。側面の一つに、長さ一一センチの穴が造ってあり、一枚の板で閉ざされる仕掛けになっていて、その閉め板の端は溝にはまって固定する。内部には包みがあって、数体の小さい蛇の骸骨が詰めものと一緒にはいっていた。

蛇はこのように鄭重に葬られたのであった。しかし、蛇神のための神殿があったかどうかは分っていないし、その遺跡も発見されていない。ただ、後期の史料の一つは、アレクサンドリアの近くのメテリスの神殿で一匹の聖蛇が飼われていたことを述べている。それによると、蛇は神殿内の塔で飼われていて、その飼育管理は祭司の仕事であった。祭司は、小麦粉と蜂蜜で造った菓子を、椀にいれて、飼育室に差しいれるのであった。

エジプトの蛇の章を、ヘロドトスの記述に言及しないで終るわけにはゆかない。ヘロドトスは興味ふかい二つのことを記している。その一つはこうである。

テバイ附近には神聖な蛇がいるが、人間には全く害を加えない。形は小さく頭の尖に二本の角が生えている。この蛇が死ぬとゼウスの社に葬る。これらの蛇はゼウスに神聖なものだといわれているからである。

ここで「ゼウスの社」というのは、彼の体系ではギリシアのゼウス神はエジプトのアメン神に当るのであるから、アメン神殿と読みかえてよい。しかし、いかなる場合も聖獣墳墓は神殿とは別の設備である。したがって、ヘロドトスの記述は、「アメン神殿の近くに」という程度に解してよい。「蛇はゼウス（アメン神）に神聖」とあるのは不適切である。蛇は新王国時代の『地下世界の書』にさまざまの図で描かれ、その中の一つに、たしかにアメンという名をもつ蛇として示されたものがある。アメンはもともと「隠れたもの」を意味し、姿を見せないものとしての蛇がそこに示されている。しかし、それは羊の姿をもって描かれることの多いアメン神と結びつく存在ではないのである。たぶん、ヘロドトスの取材メモに何らかの混乱がおきたために、こういう記述が生れたのであろう。

次は、文中の「二本の角のある蛇」とは何をさすのかという問題である。実は、ヒエログリフの蛇が二本の角をつけている。したがって、ヘロドトスの時代より二〇〇〇年も前から、二本の角のある蛇は知られているのであった。

この蛇は、動物学者がツノクサリ蛇（*Cerastes cerastes*）と呼んでいるところの蛇を指しているにちがいない。この蛇では、目の上の鱗が異常発達して、上に向って細長く立ち、ちょうど角のような形を呈しており、そのことからツノクサリ蛇と命名されているのである。今日、ツノクサリ蛇は、アフリカとアジアの砂漠地帯にすんでいることが知られている。この蛇はトカゲ、鼠、鳥などを食糧とする肉食で、夜行性である。移動がはげしく、砂漠から人家の近くに来て、砂の中にもぐることもある。移動の仕方は、他の蛇のような前方移動ではなく、横へ動いてゆく。横へといっても、真横ではもちろんなく、斜め前の横という方向になる。もっとも、ヘロドトスはこれは小形の蛇であって人間に無害であるという記述をしていて、それがいささかわれわれを当惑させる。ツノクサリ蛇は小形ではなく、また毒をもっているからである。

しかし、夜行性であるこの蛇は、事実上、エジプト人にとってほとんど無害だったはずである。エジプト人は夜になると外出しなかった、という単純な理由によってである。いっぽう、鼠を捕食するこの蛇は、祭司からも農民からも感謝され神格化された。そして、この蛇についての話は、祭司や農民から親愛感をもってヘロドトスに語られたはずである。その蛇の実物を見る機会をもたなかったヘロドトスにとっては、その親愛感は小形の蛇というイメージに容易に結びついたと私は考える（あるいは、情報提供者がどういう事情によってか、「小形の蛇」と説明したという可能性ももちろんある）。

ヘロドトスの二つ目の興味ふかい記述は次の文章である。

> ブトの町にほぼ相対したアラビアの一地方があるが、私は例の翼のある蛇について調べるために、この地方を訪れたことがあった。いってみて私の目にしたのは、筆舌に尽し難いほどのおびただしい蛇の骨と背骨であった。背骨の堆積がいくつもの山を成しており、その山は大きいのもあれば、やや小さいもの、さらに小さいものと、さまざまであった。背骨の堆積している場所の地勢はといえば、それは狭い山間の峡谷が広い平野に開けようとするあたりで、この平野はエジプト平野に連なるのである。言い伝えによれば、春になると翼のある蛇はアラビアからエジプト目指して飛んでゆくが、イビスという鳥が国の入口で迎え撃《う》ち、蛇の侵入を許さず殺してしまうという。イビスはこの功によってエジプト人から大いに尊重されているのだ、とアラビア人はいっている。そしてエジプト人も、自

分たちがその理由でイビスを尊重していることを認めているのである。

この「翼のある蛇」は、われわれを著しく当惑させる。もちろん、動物学的に「翼のある蛇」というものは存しない。一方、古代エジプトのヒエログリフに、翼のある蛇はない。宗教画に翼をもつ蛇が示されているといっても、これは想像上（あるいは宗教理念上）の形である。では翼のある蛇とは何か。

これはたぶん、有翼のトカゲと結びつく。この有翼のトカゲは正しくはトビトカゲ（*Draco volans*）といい、全長が二〇センチ前後だが、獲物を見つけると五〇メートルも飛ぶ。このトカゲの今日の分布はインド南部からインドシナ、マレー半島、インドネシア、フィリピンという東アジア地域であって、アラビア半島もエジプトも含まれていない。しかし、古代エジプトの時代に、アラビア半島にも生息していたかもしれない。そうだとすれば、ヘロドトスの記述も肯けるということになる。

アラビア半島に生息していなかったとすれば、このトカゲについての噂話が誇張されてヘロドトスに伝えられ、ヘロドトスは実見していないのに実見したかのように記したということになる。いずれにせよ、空飛ぶ蛇の原イメージはトビトカゲであったにちがいない、と私は考える。

第四章　ライオン

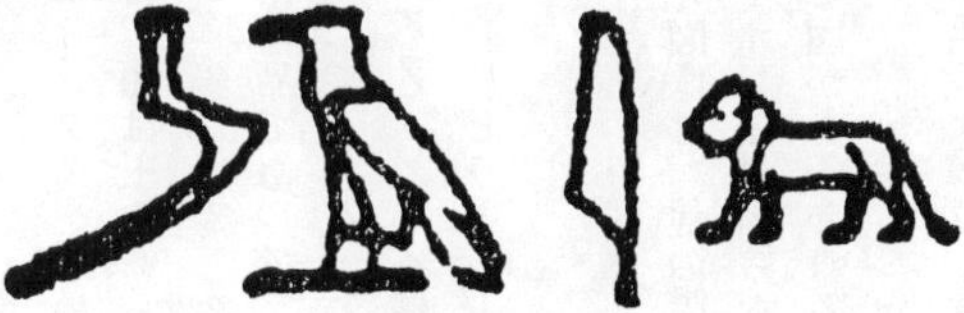

ライオンを表わすヒエログリフ

大スフィンクス

古代エジプトのライオンといえば、多くの人はギザの大スフィンクスを思い浮べるにちがいない。あの人面獅子身は、第四王朝のカフラ王時代に造られ、顔は王をあらわしている、というのが多くの学者の説くところである。

大スフィンクスは、ギザ丘陵の石灰岩の丘に直接に彫刻した作品であって、長さが五七メートル、高さが二〇メートル、顔の長さ五メートル、鼻の長さ一・七メートル、耳の長さ一・三七メートルという巨像である。真東に向っているこのスフィンクスは、王の太陽信仰、ライオンの姿をかりた王の威厳を示している。同時に、それはピラミッド地区の聖域を守る警護者の役も果している。

百獣の王としてのライオン、王の威厳とつながるライオン――というイメージは、もちろん、第四王朝よりずっと古くからのものである。先王朝時代の図像は、他の獣を追う（攻撃する）ライオンを示しているが、追われる（攻撃される）ライオンは見当らない。ついで、第一王朝にはいると、王がライオンの前で敵を打ち倒している図があらわれる。王とライオンの同一視がここに出ている。

今日のエジプトで野生のライオンを見ることはできないが、古代エジプトにおいてはかなり多くの野生ライオンがいた。主たる生息地は下エジプトであった。水場が多かったからである。初期のエジプト神学の二大体系であるメンフィス神学とヘリオポリス神学が、その神学の中にライオンのイメージを取りいれるのは自然なことであった。メンフィスもヘリオポリスも、ともに今日のカイロに近い下エジプトの大都市であったのだから。

こうして、メンフィスに都を置く第四王朝の時代に、ライオンを壮大に造形化した大スフィンクスが生れたわけである。

しかし、ライオンの姿をもつ神がスフィンクスという名をもって呼ばれていたわけではな

王のライオン狩りの図

スフィンクスをあらわす各種のスカラベ

い。スフィンクスという呼称でわれわれが慣れているものは、ギリシア語スピンクスSphinxを英語読みしたものであって、そのギリシア語はシェスプ・アンクという中王国時代の呼称の転訛である。シェスプ・アンクとは、「生ける彫像」を意味するものであって、ライオン姿の神像を特定的に指していたわけではない。

では、ライオン姿の神の名は何であったかといえば、それはルウティというのであった（その用語の意味は明らかでない）。第五王朝に完成したピラミッド・テキストでは、ルウティについての言及がいくつもあり、そこに太陽神との結びつきが示されている。

第四四七節に「おおアトゥムとルウティよ。御身らは奉納のパンをもっている。自らの神の頭と身体をつくりだした御身らは。……」とある。アトゥムとは太陽（ラア）の別称であり、これと一体化して呼ばれているところにルウティの個性がみられる。

第六九六節には「王が飢えるなら、ルウティもまた飢えるであろう」とあり、王との結びつきが示されている。

第二〇八一節は「王の分身を神のもとに引きあげよ。王をルウティのもとに導け。王をアトゥムのところまで上らしめよ。なぜなら、アトゥムは王のために為すと約したことを為したから。アトゥムは王のために縄梯子を結ぶ。アトゥムは王のために木の梯子を堅固にする」と述べている。王が梯子によって太陽に上るのを、ルウティが助けるという状況を、ここにわれわれは読みとることができる。

これまで見て来たルウティは男性神であり、雄のライオンによってイメージがつくられている。

これに対して、雌ライオンの姿で示される神、すなわち女神もいた。その名をセクメトという。この用語の意味は「力づよいもの」である。しかしピラミッド・テキストには、「力の女神」としてではなく、王を身ごもる女神としてこれが示されている。第二六二節に「王はセクメトによって懐妊された」とあり、第一五四七節は「王の心臓は偉大なるものセクメトに属す」とあり、また第二二〇六節には再び「王はセクメトによって懐妊された」と述べてある。

中王国時代になると、ライオン神としてのルウティは消え、女神のセクメトが大いにその力を発揮する。セクメトは王を懐妊する女神としてではなく、無類の攻撃力をそなえた女神、すなわち戦う女神となるのである。ライオン一家の中で、立派なたてがみをもつ父ライオンよりも、母ライオンが力づよく働いていることに、中王国のエジプト人は注目したのである。

もっとこれを説明すると――。

古王国時代の、ルウティの表現としてのスフィンクスは、中王国時代には、ルウティ信仰とは無縁になり、ただ王の姿を描く一つの芸術的方法として採用され、流行した（スフィンクスという呼称の語源であるシェスプ・アンク＝生ける像の意＝が中王国時代に生れたということに注目していただきたい）。一方、王の母であるセクメトは王の攻撃力とライオンの攻撃力を併せ持つセクメトとなった。中王国時代の王は、「王は神ではないが神に次いで強いのであるぞ」という信念をもっており、それが女神セクメトに新たな力を与えることとなったのである。

一方、下エジプトのリシュトに都を置く第十二王朝の王は、東方の防衛設備を拡充したさい、デルタ地帯の一要地に「ライオンの都」という砦（都市でもある）を築いた。この砦の地は今日のテル・エル・ヤフディエ（カイロの北東四〇キロ）に当る。のちにギリシア人はこの地に「レオントポリス」（ライオンの都）という名を付ける。一九世紀末に、この地で考古学上の調査が行われたさい、乱掘によって著しく荒されていたにもかかわらず、最古の文化層である第十二王朝時代の層から、鰐を打ち負かしているライオンを描いたスカラベが二個、発見されているのは「ライオンの砦」の存在を示す一つのしるしといえる。そして、「ライオンの砦」という名称を、われわれは「セクメトの砦」と読みかえても不当ではない。砦にセクメトの神殿もあったはずである。

セクメトはそんな具合に、戦う女神なのであった。

コフィン・テキストの第一四九節に、「私は偉大なるハヤブサとなってあらわれた。私は敵を踵をもってつかまえた。私の口はナイフのように彼を襲う。私の踵はセクメトの矢のように彼を射つ」とあり、第三一一節には「セクメトは大いなる戦いの夜、蛇山のナイフをふるい……」とある。

セクメトが太陽神ラアと結びつくことは、第六四八節に示されている。「……私は自ら創りだしたもの、ラアである……私は御身の上に、私のセクメトの名によって、力を行使する」とそこに書いてある。

死せる者がセクメトの威力にあやかりたいという信念は、第九五三節の「わが顔はセクメトである」という表現に示されている。

存命中の王もまたセクメトに比せられた。第十二王朝のアメンエムハト三世に奉仕した財務長官は息子にあてた訓戒の中で「永遠に生きる王を崇拝せよ。……王はセクメトであり、王命に背くものは征伐され、王に憎まれるものは災いを受ける」と書いている。

セクメトが病魔退散の女神となるのも中王国時代である。セクメトはその攻撃力によって病魔をしりぞけ、健康の人には病気が来ないように、病気の人からは病気を去らせるという力を持つと信じられたのである。こうして、セクメトの祭司は医者の役目も果した。セクメトの一祭司の墓室の銘文はこう述べている。「私はセクメトの祭司であった。その職において強く、また有能であった。私は病人の身体に手を置き、どこが悪いかを知り、手によって効きめをみせる祭司であった」。

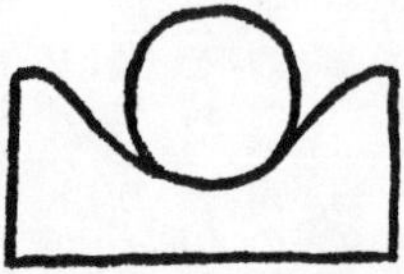

「アケト」（地平）を意味するヒエログリフ

王たちとライオン

ライオン狩りが王のスポーツになったのは中王国時代になってからである（古王国時代の図像に、ライオン狩りを思わせる場面があるとしても、王の力を示すための作りものである）。ライオン狩りの最古の記録は、第十二王朝の初代の王、アメンエムハト一世のそれで、「アメンエムハトの教訓」というパピルスに記されている。ここで、アメンエムハト一世は王子センウスレト一世に与える教訓を述べ、自らの武勇を述べるくだりで「余はライオン（複数）をとらえた」と書いている。

ライオンが、信仰でも、狩猟でも、戦闘でも、芸術工芸でも、最も華やかな地位を占めるのは新王国時代になってからである。

まず、信仰の面でみると——。

大スフィンクスの威力が再び戻って来た。第十八王朝の諸王は、王子とともにギザの大スフィンクスに詣でるのを慣わしとした。大スフィンクスは「ホル・エン・アケト」（地平のホルス、の意）という名で呼ばれた。ホルスは太陽神であるので、この名称は「地上に置かれた太陽神」を指し、大スフィンクスの太陽神性格を鮮明に示すこととなった。

大スフィンクスを訪ねた第十八王朝の王の記録として残っているものは、トトメス一世、トトメス三世、ハトシェプスト女王、アメンホテプ二世、トトメス四世、アメンホテプ四世（アケナトン）、ツタンカーメン、アイのそれである。この中で、最も興味ふかいのはトトメス四世の記録で、そこに王位取得に関与する大スフィンクスの威力が示されている。

その話はこうである。

トトメス四世がまだ若い王子であったころ、彼はギザへ狩猟に来た。大スフィンクスのかげで休息をしたさい、彼は疲労のため、眠りに落ちた（トトメス四世の記録は、大スフィンクスのことを「ここにケプリ〔朝の太陽のこと〕のまことに大きな彫像がある。勇壮さにおいて偉大であるもの、力において輝くもの。メンフィスの人びととすべての町の人びとは、ここへ来て、その顔に向って崇敬の手を挙げ、そのカア〔分身〕に供物を捧げる」と記している）。

王子はそのとき夢を見た。夢の中に大スフィンクスがあらわれ、王子に告げて言った。「きけ、わが子トトメスよ。余は御身の父、ホル・エン・アケト・ケプリ・ラア・アトゥムである。余は御身にわが王国を与え、御身を地上の生ける者すべての長としよう。御身はゲブの王座で、白い王冠〔上エジプトの王冠〕をいただき、赤い王冠〔下エジプトの王冠〕を用いるであろう。王位継承の王子よ。国土は御身のものとなるであろう。その広さのつづくかぎり、長さのつづくかぎり、そこに強きものの眼が輝くであろう。すべての国からの貢物は長いあいだにわたって御身のもとに運びこまれるであろう。余の顔は御身のほうを向いている。余の心は御身のものである。御身は余の守護者となるであろう。なぜなら、余の四肢は苦しんでいる。余の立つ神殿の砂は余を襲った。余のほうを向け。余の欲していることを為しとげるために。御身が余の息子であり、余の守護者であることを、余は知っている。見よ、余は御身とともにある。余は御身を導く者である」。

正面からみた大スフィンクス（下に見えるのはトトメス４世碑板）

王子は眼ざめ、大スフィンクスのお告げを守ることを約束した。そして、王宮へ帰って、部隊を差しだし、砂に埋まる大スフィンクスを解放した。

やがて、王位は王子トトメスのもとに来た。トトメス四世となった彼は、大スフィンクスのお告げを忘れず、このことを碑板に記し、大スフィンクスの前に建立した。

トトメス四世の時代のあと、大スフィンクスは再び砂に埋まった。トトメス碑板もまた。一九世紀はじめにイタリア人発掘家バチスタが大スフィンクスの前面を掘ったときあらわれてきたのはこのトトメス碑板であった。こういう次第で、われわれはトトメスの夢物語を知っているわけだが、そこに霊験あらたかなスフィンクスへの信仰、つまりはライオン神への信仰をわれわれは見るのである。もっとも即位の事情そのものについてみれば、側室の子であるトトメスは、王位継承者を次々に排除（ときには謀殺という方法もあった）して王位に即いたのであった。大スフィンクスは細部経過に言及しないで、王位を与えるといった。だから、その予言と約束はこのとき果されたのである。

王をライオンになぞらえるという記録の習慣も、第十八王朝以後の特徴である。

第十八王朝のトトメス三世は「敵は余を獰猛な眼をもつライオンとみなさざるを得なかった」と述べ、アメンホテプ二世もまた「見よ、王は獰猛な眼をもつライオンのごとくである」と記した。アメンホテプ三世もまた、「敵は己れの前にいるライオンを知らなかった。王は獰猛な眼をもつライオンなのであった」と書いている（アメンホテプ三世はライオンの彫像――スフィンクス型でなく純動物学的な彫像――に勝利記録を残すという工夫もした）。「獰猛な眼をもつライオン」という表現は一つのきまった形であって、右の三王ばかりでなく、第十八王朝のすべての王と第十九王朝の初期の王が、王の威力を示すさいにこの形を用いている。

第十九王朝のラムセス二世以後は「王はライオンのごとくである」という表現が一般的となり、第二十六王朝のアマシス王のときまでつづく。このあと、王の威力の衰えとともに、王をライオンに比べるという表現は全く消えてしまう。

このようなライオン一般（牡ライオンとしてとらえられている）の地位上昇に比例して、女神セクメトの地位もまた著しく高められた。セクメトの彫像をつくり、神殿に寄進することは王の重要な仕事となった。セクメトの気にいってもらい、セクメトの加護を受けるならば、王は戦争で敗れることはなく、王位と国家の安泰が保証されるからである。いっぽう、セクメトは戦わずしてエジプトに勝利と繁栄をもたらす、という考えかたもあった。アメンホテプ三世の考えかたがまさにこれであった。彼はだれよりも多くのセクメト像を造らせ、これらをカルナクのムート神殿に飾った。飾った、という表現は不適切であるかもしれない。王はムート神殿をセクメト女神像で満たしたのである。それらの彫像は固い閃緑岩《せんりょくがん》できれいに造られ、高さは平均二メートルに達していた。その信仰の霊験はあらたかであったといえるかもしれない。アメンホテプ三世の時代には、類いまれな平和と繁栄がエジプトに来たのであったから（今日セクメトの大型彫像は原位置のもの、世界の博物館にはいったものをあわせて五七五体が知られていて、その多くはアメンホテプ三世時代のものである）。

民衆レベルのセクメト信仰は、道路警護と病魔退散の女神としてであった。上エジプトの多くの谷には、このセクメト像が置かれた。これは旅人を守る女神なのであった（日本の道祖神を思い浮べる人があるかもしれない）。病魔退散のほうは、小形のセクメト像を護符として身につけ、その霊験を期待するのであった。

ところで、さきに名前の出たムート神殿そのものもまた、ライオンの姿をした女神に結びついていた。ムートは中王国時代からテーベで崇拝されている女神で、はじめはハゲワシの頭をつけた女性の姿で造形されていた。そしてテーベの主神アメンの妻とみなされていた。

しかし、新王国時代にアメン神が太陽神の性格と地位をもちだしたとき、ムートは牝《めす》ライオンの姿をもつ女神となり、太陽の母とみなされるようになったのである。

ライオン狩り

ライオンそのものはといえば、多くの神殿で「神聖ライオン」が少くとも一頭飼われていた。神殿の係り祭司がその飼育と管理に当るのであった。餌としては、狩猟で得た獣の肉が与えられた。今日の、動物園のライオンの姿を思い浮べればよいかもしれない。ただし、神殿のライオンはすでに死んだ獣の肉を与えられるだけではなかった。特別の祭典などの時には、生きた牛が飼育館にいれられるのである。そして、ライオンは野生生活の場合と同じように、これを攻撃し、これを食うのであった。その間、祭司たちは祈禱経文を朗誦するのである。

これらの神域内のライオンは神聖であるが、野のライオンは野獣であり、人間の生活を脅かす危険な存在であり、したがって征伐すべき対象なのであった。

ライオン狩りは、十分な装備と隊の組織を必要とするため、王家の特権的なスポーツであった。しかし同時に、王の、そして王となるべき王子の、義務でもあった。王と王子は、その狩猟によって体力と武勇の証明をしなければならないのである。

主たる道具は槍と弓であり、槍には大形の槍と投げ槍があった。投げ縄や綱も用いられ

ツタンカーメンの椅子の脚頭を飾るライオン

た。猟人たる王または王子は、護衛をかねる狩猟部隊を伴って出かけ、猛獣を狙うのであった。

狩猟の中で、百獣の王であるライオンを相手とする狩猟ほど危険にみちたものはなかった。だから、多くのライオンを射ち殺したり、捕えたりした王は、そのことを王の業績として記録するのであった。古くは、第十二王朝のアメンエムハト一世がそのような記録を残した。彼は「余はライオン（複数）をとらえた。鰐（複数）をとらえた」と書いている。

しかし、何といっても、ライオン狩りの盛んなのは第十八王朝以降である。ライオン狩りの主たる場所は下エジプトであった。とくにギザ周辺は「ガゼルの野」と呼ばれて一等狩猟地であって、大量にガゼルの生息するこの地域は当然にライオンの生息地なのであった。

すぐれた猟人として知られる第十八王朝のトトメス三世については、臣下の墓に次のような記述がある。ライオン以外の獣についても、また外地（ナハリンとニイはメソポタミアの地）での狩りについても言及してある。
「私は王のなしたことを正しく記す。欺《あざむ》きも偽りもない。全軍を前にして述べて恥じず、誇張もない。王はいかなる砂漠にても狩りをすることを歓びとした。王の獲物は全軍の戦利品よりも多い。王は一瞬の間に七頭のライオンを射ち殺した。王は一時間に一二頭の野牛を得た。朝食の時が来たとき、王はそれらの尻尾を背につけていた。王はナハリンから来たときに、ニイの山で一二〇頭の象を殺した。南のヌビアの砂漠で矢を射ったとき、王は一頭の犀《さい》を捕えた……」

第十八王朝のトトメス四世（あの大スフィンクスを砂から解放して王位を得た王）は、彼の狩猟行について次のような記録を残した。ライオン狩り（および他の動物の狩猟）がどういう道具、どういう方法で行われたかを、それは述べている。

見よ、王はメンフィス州の高地で、その南の道で、またその北の道で、おのれの最も楽しいことをした。王はおのれの戦車を馬にひかせて獲物を追い、銅の太矢を、獲物を目がけて放ち、ライオンと野生山羊を狩猟した。王の戦車は風よりも早かった。

ライオンの威力は勲章、美術、工芸、家具調度品に及んだ。王が功績ある臣下に与える勲章の一つは黄金製のライオン像であった。トトメス一世はそのようなライオン像を三体、臣

ライオンを伴うラムセス２世の出陣

下のアフメス・ペン・ネイベトに与えた。トトメス三世は一体を臣下のアメンエムハブに与えた。これらの臣下は自分の墓に誇りをもってこのことを書き残した。家具調度品では、椅子の肘掛けの先端がライオンの顔で、脚がライオンの脚で作られることが流行した。休んでいるときも、ライオンが守ってくれるからである。王を描く絵画とレリーフには、ライオンを伴っている図がしばしば描かれた。

これは、飼いならされて王の警護者となったライオンを示しているのである。古くから動物に親しんでいるエジプト人は、猛獣の調教にも卓越した能力を発揮したのであった。ライオン狩りで仔ライオンを捕え、これを飼育調教するという場合が多いのであって、成獣を調教するのはまれであったはずである。

第十九王朝のラムセス二世はとくに、このように飼いならしたライオンを好んだ。だから彼は重要な場面を描く図には、ライオンを同席させている。ハッティ（ヒッタイト）と決戦をしたあのカデシュの戦い（シリア）のさい、そのライオン（一頭）は同行し、王の馬のかたわらを一緒に走っている。リビア人膺懲《ようちょう》戦では、作戦会議（閣議）を主催する王のかたわらに同じ（たぶん）ライオンが坐っている。

そのライオンは固有の名で呼ばれていたはずであるが、絵図にも他の記録にもその名の記載はない。ノーマン・メイラーは古代エジプトに材をとった新作『古代の夜』（一九八三）の中でカデシュの戦いを描き、そこに活躍するラムセス二世のライオンに太陽神ラアと結びつく「ヘララ」という名を与えている。

第二十王朝のラムセス三世もライオンを好んだ。リビア遠征のさい、戦車に乗った王のわきを一頭のライオンが走っている。第二次リビア遠征のさいも、シリア遠征のさいにも、同様である。それらの図は、実際にライオンが戦場までいって王の警護に当ったことを示しているのである。

とはいえ、王にせよ、側近にせよ、警備兵にせよ、狩りの対象となるライオンはもとよりとして、飼いならしたライオンに咬まれるということもあった。飼いならしたはずのライオンも、時として野生を取りもどすのである。そういうときの手当が医学パピルスに書いてある。そこには「……の種子を粉にし、それを塗って四日間、包帯しておくこと」とある。肝腎の冒頭部の文字がパピルスに欠けているのは残

ライオンの顔をした女神バステト

三頭獅子神アペデメク（メロエ）

念である。

新王国時代の終ったあと、ライオン一般の威力も、女神セクメトの武勇の力も小さくなった。第二十一王朝では、守護者としてのライオンは「一千頭のライオンと一千頭の豹」という数を頼みとする形で表現され、セクメトは「ムート・セクメト・バステト」という合体神の中に吸収された。

ライオン信仰の復活をなしとげたのは、奇妙なことに、異民族ペルシア人であった。前六世紀にエジプトを征服したペルシア人はエジプト古来のものを嫌い、破壊した。例外はライオン神であった。しかし、伝統的ライオン神ではなくて、上エジプトのティスで崇拝されて地域的な女神メヘスであった。メヘスは死者の世界で「火を吐く蛇」という救済神と同一視されることの多い女神であった。ペルシア人はこの女神をいたく愛し、尊崇したのであった。彼らの祖国のライオンのイメージにどこか似ているところがあったのかもしれない。

ペルシア人統治の時代に、ライオン狩りはすでに衰えていたが、ライオン飼育は王家の好むところであった。古代エジプトの最後の王朝であるプトレマイオス王朝の時代には、ある王妃または女王が顔の皺《しわ》をのばすのにライオンを用いたということが伝えられている。ザラザラしたライオンの舌で顔をなめてもらうのである。その王妃または女王というのは、あるいはクレオパトラ女王であったかもしれない。プトレマイオス王朝時代は女性の化粧が著しく華麗になった時代で、香水が開発されて王家直轄の事業として営まれたというのもこの時代である。ライオンに皺のばしをさせるのも、そういう一般的状況と関係があったわけである。

一方、前八世紀にエジプトを支配したことのあるヌビア人はそのあとヌビアで、ナパタ王国を、ついでメロエ王国を建て、この王国は紀元後四世紀までつづくのであるが、ここではエジプトのライオン信仰の影響を受けて「アペデメク」という名のライオン神を崇拝した。

残念なのは、エジプトでライオンのミイラが一体も見つかっていないことである。だから、ガイヤール・ダレシ報告にも出ていない。ライオンには、神殿飼育のもの（聖獣）、王室飼育のもの（準聖獣）と狩猟対象のものがあったわけだが、少くとも神殿飼育のものは、死んださいにミイラとされ鄭重に埋葬された。しかし、個体数が少かったために、数千年という長い歴史をこえて存続することはできなかった、と私は考える。

ライオンの章をおわるにさいして、ヘロドトスのライオン関係記述を紹介しておきたい。彼はいう。「獣類中で最も強く剽悍《ひょうかん》な獣であるライオンの牝は、一生に一度、しかも一頭しか仔を産まない。ライオンは仔を産むと同時に子宮をも体外に出してしまうからで、その原因は次のとおりである。ライオンの仔は母の胎内で動き始める頃になると、他のどの獣よりも遥かに鋭いその爪で子宮を掻きむしり、成長するにつれてますます深く爪を立てる。分娩が近付く頃になれば、子宮で無事な部分は一つも残らなくなるのである」。

この記述について、早くもアリストテレスは「たわごと」と評したそうである。もちろん、こんな出産状況などは存在しないのである。

第五章　黄金虫

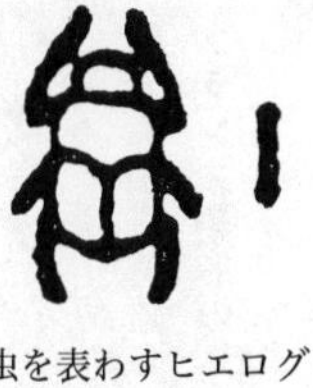

黄金虫を表わすヒエログリフ

スカラベと太陽神

ライオンが王家および貴族に結びつく動物であったのに対し、黄金虫は王家、貴族だけでなく民衆にも縁の深い存在であった。

いま黄金虫といったが、黄金虫にはいろいろあって、エジプトの黄金虫はタマオシコガネという種類である。タマオシコガネというのは日本語の名称であって、その名が示すように玉を押す黄金虫である。タマオシコガネという名で知られている。この名称はもちろん、国際的には神聖黄金虫（ラテン語学名は *Scarabaeus sacer*）という名で知られている。この名称はもちろん、古代エジプトでこの昆虫が神格化されたことに由来する。この神聖黄金虫のラテン語名称から英語のスカラブ＝Scarab、フランス語のスカラベ＝Scarabée が生まれていて、フランス語形のスカラベという呼称が最近では日本でも馴染みのものとなっている。

土産品となったスカラベ、つまり現代の模造品は今日のエジプトの至るところに売られていて、エジプトへ旅する人はこれを求めてくるのを楽しみとする。ある意味で、小さなスカラベは巨大なピラミッドに匹敵するほどの人気をもち、古代エジプトを代表するものとなっている。

しかし、スカラベという名称は、昆虫そのものをさすスカラベ、彫像・護符・印章となったスカラベ、そして今日の土産物のスカラベをもあらわすので混乱が生じやすい。そこで、私は、ここでは昆虫をさすときは動物学上の日本名であるタマオシコガネを用い、それ以外のときにスカラベという名称を用いることとする。

黄金虫のことを英語でビートルズ（beetles）という。この名詞で、あの有名なグループ・サウンズのビートルズ（Beatles）を思いだす人がいるはずである。あの名称は、古代エジプトの信仰と結びついていたのだろうか。ビートルズと親交のあったアメリカの著述家H・デーヴィスの『ビートルズ伝』（一九六八）によれば事情はこうである。

グループ・サウンズとして登場したとき、グループ名をきめるのはリーダーのジョン・レノンの役目であった。レノンは「クリケット」（コオロギ）という名のグループ・サウンズのファンであったので、昆虫名から名を選ぶことにし、黄金虫を最初に思いついた。しかし、レノンはその綴りの三字目のeをaに変えて新味を出した。そうすると、黄金虫とビート・ミュージックの二つを含んだ名前となるからであった。こうしてBeatlesは生れた。

……というのである。

それにしても、はじめに黄金虫に惹かれたのはなぜであろうか。晩年のレノンが熱烈な古代エジプトのファンになったこと、そしてまた彼の出身地リバプールが一九世紀いらい古代エジプトの研究で世界的に知られる大学をもっていることを思い合わせると、若き日のレノンに創造神としての黄金虫についての何がしかのイメージがあり、それゆえに黄金虫にまず惹かれたということではなかったか、と私は考えるのである。レノンがあの世の人となった今となっては、確かめようもないことであるが……。

タマオシコガネはその名のとおり、玉を押すのだが、それに二つの場合がある。

一つは食糧としての玉である。タマオシコガネはライオン、兎、羊などの糞を食糧とする食糞性コガネムシで、体長約四センチで、全身黒一色である。左右三本ずつ、計六本の足をもっていて、頭部には平たい半円形シャベル状のものがついていて、そのまわりはギザギザになっている。

鋭敏な嗅覚で糞のありかを探り、頭部の先端でほじくり、前肢で固いものを外し、糞玉を作る。ついで、糞玉は直径四センチをこえることもある。つまり自分より大きい糞玉を作るのである。ついで、こんどはうしろ向きになって、後脚の二本でこの糞玉をつかみ、うしろ向きに進む。そして、用意した穴にそれを落しゆっくりとこれを食う。その糞玉のサイズからみても、タマオシコガネはおどろくべき大食漢である。

次の玉押しは、雌が産卵するときである。このとき雌はできるだけやわらかい糞を集めて糞玉をつくり、これを用意した穴に落す。ついで、この形を西洋梨形に補正し、そのくびれた部分の上に卵を一個、生みつけて、覆いをつける。生みつけられた卵は数週間後に蛹《さなぎ》となり、まわりのやわらかい糞玉を栄養として育つ。蛹となってから数週間後に糞玉を破って出て、一人前のタマオシコガネとして活動する。

タマオシコガネを入念に観察した現代の動物学者は、フランスのJ・H・ファーブル（一八二三―一九一五）である。彼は主著『昆虫記』の中にその観察を記した（邦訳は山田吉彦・林達夫訳、『昆虫記』岩波文庫。タマオシコガネはその第一分冊と第九分冊に出ている）。

しかし、古代エジプトに関連した記述の部分は、ファーブルの認識不足を示している。古代エジプトを現代によみがえらせたJ・F・シャンポリオンの国の著者が、シャンポリオンよりずっとあとに著述しシャンポリオン以降の研究成果を活用できたはずなのに、あのような記述をしたことはまことに残念であり、まことに意外である。

古代エジプト人はタマオシコガネの押す糞玉を地球と解していた、とファーブルはいうのである。彼の文章によってそれを示すと、一つの場所に「古代のエジプト人が地球の像とした糞の団子」と書き、別の場所に「ラムセス王やトトメス王のあの古い時代には……（中略）この転がる円球のうちに、人は一日で回転する世界の影像を見た」とある。

古代エジプト人は大地を球体と考えたことはないのである。球体のイメージですぐに連想するものはただ太陽だけだったのである。

古代エジプト人には、タマオシコガネが糞玉を押してゆく姿は太陽の玉を運ぶ神のようにみえた。古代エジプト人は太古から太陽崇拝者であり、球体のイメージは太陽以外には存在しなかったのである。

タマオシコガネの顔をもつ王　右手に安定のシンボルを、左手に生命のシンボルを持つ

ついで、糞玉から新しい生命が生れてくるのは無から有が生ずる姿であり、創造と変身の神の営みであると、古代エジプト人には思われた。奇妙なことだが、古代エジプト人は、タマオシコガネには雄しかいないとみなしていて、それゆえになおのこと、糞玉から生ずる新生命は不思議にみえたのであった。

そこで古代エジプト人はこれにケプレルという名を与えた。それは「自ら生ずるもの」という意味であった。やがてエジプト人は「成る」とか「存在する」という意味の単語ケペルを、この昆虫名から作った。ついで、ヘリオポリスの太陽信仰の祭司たちは、この単語から新しい神名ケプリを創った。ケプリは朝の太陽（アトゥム）をさすものとして認識された。そして、ケプリ神はタマオシコガネの姿をもって造形された。

こうして、糞を食するという下等な昆虫と最高の太陽神という、異常なコントラストをなすものが一体となったのである。

エジプト最古の宗教文書であるピラミッド・テキストには、ケプリについての言及はまことに多いが、そのいくつかを拾ってケプリの姿を見ることにしよう。

第一九九節に「王よ、立て、アトゥムから生れた大地の上に、ケプリから生れ出た唾の上に」とあり、第三〇五節に「王はケプリに向かう道に導かれる」、また第一五八七節には「アトゥムよ、御身に呼びかける。自らによって自らを創り出したものケプリよ、御身に呼びかける。高さという御身の名において御身は高きにあれ」と書いてある。これらの節に示されたケプリは朝の太陽、アトゥムと同格である。

アトゥムとケプリを一体化してアトゥム・ケプリという名称で呼んでいる場合もある。第一六五二節にいう。「おお、アトゥム・ケプリよ、御身は高みにあって高い。御身はオン〔ヘリオポリスのこと〕のフェニクスの館でベンベン石〔ピラミッドの原形となった聖石〕のごとく立つ」。

しかし、ケプリが夕陽と同格になることもある。第八八八節にいう。「余〔王のこと〕は東にてラアのごとく輝く。余は西にてケプリのごとく旅する」。

第三〇六節には「炎は赤く燃え、ケプリは生きてあり、人間（複数）は幸せである」とあり、同じ文章がそのあとの幾つもの節に出てくる。ここでのケプリはあの世の王を暗示している。

またケプリはラアそのものと同一視される。第一六九五節にいう。「オンの九柱神は、御身をケプリという名をもつラアのごとくにするであろう」。また第一八七四節にいう。「おお輝くもの。おお輝くもの。おおケプリよ。おおケプリよ。御身は王のために あり、王は御身のためにある。御身は王のために生き、王は御身のために生きる」。さらにまた第二〇八〇節にいう。「四神〔ホルス神の子〕は王のために縄梯子を結ぶ。四神は王のために木の梯子を堅固にする。四神は王をしてケプリのもとへ上らせる」。第二二〇六節に「王は飛んで上り、深淵の船の舳先《へさき》のケプリの上にとまった」も同じであって、闇を突き抜けて出る太陽をあらわしている。

これまで見たケプリは翼をもっていないが、第一七五七節は翼をもつケプリを示している。ここでは、まさにタマオシコガネの姿が描き出されている。その節はいう。「余はシュウ〔大気の女神〕に乗って上った。余はケプリの翼に乗って上った」。

中王国時代になるとケプリ信仰はさかんとなり、コフィン・テキストに出てくるケプリの頻度はピラミッド・テキストのときよりも段ちがいに多くなる。当然に、ケプリの置かれた状況も多彩になる。

第八〇節で、深淵の神ヌウはいう。「余はアトゥムを堅固にする。……余はアトゥムのためにケプリの背骨を堅固にする」。

第一五三節で、アトゥム神はいう。「ヘンヘヌ〔意味不詳〕の船よ、余をケプリの二隻の船まで運んで揚げよ」。ケプリの船は一隻の場合も、二隻の場合もある。天空の太陽は、ナイルの水をゆくがごとく、船に乗って旅するのである。太陽のもとへゆくために天に上る王を助けるのも、船に乗ったケプリである。第三三四節で、王はケプリにいう。「おおケプリよ、御身の船に乗っているものよ、永遠に原初からの生命体であるものよ、余を審判するものたちから、余を救い出したまえ」。同一文章が、そのあとのいくつもの節に出てくる。船の神であるケプリは湖の神でもある。第二三四節にいう。「王よ、ケプリとヘケトの四つの湖に供物を捧げる準備をせよ」。ヘケトは蛙の姿をした女神で、出産を司る女神である。ケプリは王に魔法を授けることもできる。第二六一節にいう。「ケプリと言葉をかわすとき、王は本来の王よりもはるかに強いものとなる」。言葉の発生とケプリの結びつきについては第九六四節に「言葉はケプリの館のうしろにあらわれる」とある。

『死者の書』の図像

タマオシコガネの姿につながるものに、第五四八節がある。王はそこでいう。「余はケプリの角をつかむ。余は破壊者の眼の中に石をつくる」。ケプリの角、とはタマオシコガネの触手に結びつく。

また第九四四節にいう。「余は……の主を覆うケプリである。余は闇を破った。余はわが父をつくった。余は母を懐妊した」。ここでは父もなく母もなく、自らの手で自らを生みだしたとエジプト人が考えたタマオシコガネの誕生の神秘と、闇の中から出てくるタマオシコガネを描いている。第八九九節に「神々はすべてのものを神であるケプリの腕の中につか

太陽の船を支える女神　船上でタマオシコガネが太陽を奉持している

む」とあるのは、タマオシコガネの前肢と後脚の活動と結びつく。

ケプリ、ラア、王の同一視は、すでにピラミッド・テキストに出ているが、コフィン・テキストでその頻度は増す。

第一八〇節で王はいう。「余にパンを与えよ。余がそれを食するために。そして、余がケプリのごとくなるために」。また第二五九節で王はいう。「余はラアとともに、ケプリとともに、天の河を徒歩で渡る」。また第三〇七節で王はいう。「余はラアである。ケプリの名のもとに深淵より生れ出たものである」。また第三一一節にいう。「余はケプリとして生れ出たものである」。また第三一三節にいう。「余はケプリの地平を獲得した」。また第三一七節にいう。「余はケプリである。自らによって生れ出たるものである」。また第三一八節にいう。「余はケプリである。さまざまの形と力をもつもの、さまざまの心をもつもの」。また第一〇〇〇節で王はいう。「余はラア・ケプリのために正義を確立した」。また第一〇五三節に「余は地平の主である。ケプリは輝き、私をなめる」。

ケプリはまたナイル河の永遠性を助ける神である。ナイル河の神となった王を描く第三一七節にいう。「ケプリは火の島〔ナイル河の源〕に来た。神々はケプリの船に乗って来る。ケプリは永遠の主に贈物を渡す。余がナイルの河となってあらわれたとき、すべての神々は余を見る」。

これがコフィン・テキストに見るケプリ像であり、ピラミッド時代に比べると多彩になっている。しかし、これも新王国時代のケプリ信仰に比べると色あせてみえる。なぜなら、新王国時代には、王家・貴族のほかに民衆もまたこれに傾倒し、とくに護符という形で崇拝し、装身具にもして愛用したからである。

『死者の書』での表現は、文字よりも図像で示されることが多い。

文字のほうでみると、第一七節に「おおケプリよ、御身の天の船で旅するものよ」とあり、おきまりのケプリの船が示されている。ケプリの船の言及はさらに第四一節に、もっとくわしい形であらわれる。すなわち「一柱の神よ、私をケプリの船まで導け。見よ、夜が来る。私をしてケプリの船に坐した神々に語らせよ。思いのままにその船に乗り、その船から出ることができるようになるために。ケプリの船の中で神秘を凝視し、もはや呼吸しない神〔オシリスのこと〕を再び立たせるために」。

第二四節には「私はケプリである。永遠に生成するものの神ケプリである。天の母ヌウトの胸の中にかくまわれて自らの形を自ら創るものケプリである」。生成の神としてのケプリ

タマオシコガネの円盤が地平にあらわれ、これをライオンと蛇が守護している

はそのあと、幾度も出てくる。そこに、糞玉の中で誕生し、成育するタマオシコガネの姿の神学的表現がある。

第六四節に「おお、ケプリそのものとひとしいものとして、存在するものすべてのものの形を創る御身よ、私をしてラアの円盤を凝視させよ」とあり、第六五節には「ラアの前に、すべての階級の神々と有翼の神々が立ち、ケプリの館〔永遠に生成するものの地の意〕で活動する」とある。ラアとケプリの一体化した性格がここに示されている。

死者とケプリとの関係については、第八三節に「見よ、私は原初の物質の中に沈む。見よ、私は変身の神ケプリとなる」と書かれている。変身と生成は同義に扱われていて、第一一五節に「生成の神ケプリの胸の中で私は変身の回路をかけめぐる」とある。また第一三〇節に「私はケプリの船に坐し、船内で変身の回路をかけめぐる」とある。また第一五四節に「おおオシリスよ、聖なるわが父よ、御身の四肢に香油を注ぐ〔ミイラ化すること〕ために私は来た。私の四肢にもまた香油を注がせよ。私が決して朽ちることのないように。私が変身の神ケプリにひとしいものとなるように」。また同じ節に「私は生成の神ケプリである。私は私の死骸とともに永遠にとどまる」とある。

『死者の書』のケプリの図像は多様であって、死者と神を乗せた船の中央に坐したケプリ、太陽の円盤をもちあげているケプリ、蛇とライオンを伴っているケプリなど、さまざまである。太陽をもちあげているケプリは、前肢を用いてもちあげている。

信仰文書とは別に、王自身の記録にケプリはいくたびも出てくる。

第十八王朝のトトメス三世の一碑文には「世界のはじまりのときラアの求めたことをケプリは為した」とあり、王妃をたたえた碑文には「ケプリのごとく存在するもの」と書いてある。

トトメス四世は、例のスフィンクス碑板に「見よ、ケプリの大いなる彫像〔スフィンクスのこと〕はその位置に坐している」と記し、アメンホテプ三世は葬祭殿の銘文に「九柱神はよろこび、ケプリに称讃のことばを捧げる」と記した。

第十九王朝のラムセス二世はアビドスに建てた大碑板に「ケプリのごとき地上の永生をわれに与えよ」と刻み、クッバンに建てた碑板に「ケプリがその真の姿をもってあらわれたもの」と自己規定し、アブシンベル神殿の銘文には「神聖なる王、二つの国の主、ケプリの姿をもつ主」と表現している。

記念スカラベと印章スカラベ

ケプリの彫像、とくに携帯用ケプリすなわちスカラベと呼ばれるものの流行は新王国時代の一偉観であった。

ケプリの彫像として注目されるのは、カルナク神殿の神聖池のわきに安置された花崗岩《かこうがん》の彫像である。これは台座の上に乗る巨大なケプリ像で、第十八王朝のアメンホテプ三世がアトゥム・ケプリ神のために奉納した作品である。

携帯用スカラベの場合、その用途もサイズも多様であるが、底の平面に刻字用のスペースをもっているので、信仰文字以外の文字も刻まれた。印章としてのスカラベは、印章類の中で大半を占める。

印章スカラベ（あるいはスカラベ印章）は古くはすでに第六王朝時代に用いられていた。第十五、十六王朝を形成した異邦人ヒクソスは、印章スカラベを好んだ。彼らの遺物はこの印章スカラベだけであり、キプロス島やバグダッドで発行され、ヒクソス王朝の国際関係の広さを示す一つの証拠となっている。

新王国時代には王はすべてこの種の印章スカラベをつくった。新王国時代の印章スカラベの変種として興味ふかいのは、記念スカラベである。大建築とか結婚とか、祝賀すべき大きなできごとのさい発行する記念スカラベである。これは現代の記念コインに当る。ただし、もちろん今日の記念コインのように希望する人はだれでも入手できるというほど大量に発行されるのではなく、限られた人びと（中央政府と地方機関の最上級幹部、祭司団など）のみに交付されるのであった。

第十八王朝のトトメス三世は、カルナク神殿にオベリスクをたてたさい、そういう記念スカラベを発行した。そのスカラベには「トトメス三世のオベリスク、アメンの家にとどまる」と記してある。

同じ王朝のアメンホテプ三世は、記念スカラベの特別愛好者であった。

ケプリとヒエログリフを含むスカラベ印章

この王は、妃チイとの結婚を祝賀する記念スカラベを発行した。そこにはこう書いてある。

「生命を与えられたるアメンホテプ三世と、生命ある大王妃チイ。彼女の父はユヤといい、母はツヤという。彼女は、南はカロイの地（ヌビア）まで、北はナハリンの地（メソポタミア）までを統治する強力なる王の妻である」。

アメンホテプ三世は狩猟の成果が顕著であったときも、記念スカラベを発行した。治世二年のスカラベには、一七〇頭の獣を包囲し、そのうち七五頭を王が殺した、と記してある。同じ王の治世一〇年の記念スカラベは大量に発行されている。そこには、治世一年から一〇年までのあいだに王自身の矢で殺したライオンの数は一〇二頭に達した、と書いてある。同じ王はまた、外国の王女との結婚にさいしても、遊びのための池が完成したさいにも、記念スカラベを発行した。

これらの王家のスカラベは、いろいろの材料でつくられた。黒曜石、閃緑石、黒色花崗岩、孔雀石、トルコ石、ラピス・ラズリ、緑色ジャスパー、赤色ジャスパー、アメジスト、水晶、という石類のほか象牙も、またまれに金、銀も用いられた。

王家の用いた印章スカラベにならって、役人や祭司もスカラベをつくった。ほとんどは、肩書きと名をいれたものであるが、中には名をいれないで「市長」とか「宮内官」とか「祭司」とだけ刻んであるのもあった。

印章スカラベのサイズ（長さ）は小は一センチ、大は一二センチにも及んだ。印章スカラベは長い方にそって穴が開けてあり、紐や金属を通して携帯に便利なように作られた。所持者は衣類につけたり、首から下げたり、あるいは腕や指につけて携帯するのであった。

護符スカラベ

祈願用スカラベ、すなわち護符スカラベはまず王侯貴族が用い、ついで軍隊で愛用され（タマオシコガネには雄しかいないという考えからだ）、そして民衆の間にひろまっていった。底の平たい面には、願いごとや神名が刻まれた。神名としては、アメン、ラア、プタハなどが多く、ケプリという神名が刻まれることはなかった。銘刻する母体がケプリであるので、ケプリの名を二重に表現する必要がなかったからである。

有名な王の名もまた護符に刻まれた。トトメス三世とラムセス三世の名はとくに好まれた。第十八王朝のトトメス三世は戦争王として敵を征服したことによって、また第十九王朝のラムセス三世は「海の民」と呼ばれる異民族連合軍を撃退したことによって、害をなすものを除去するという呪いの力をもっている、とみなされたのであった。

護符のスカラベはまず死者のために用いられた。『死者の書』は経文のほかに経文朗誦のさいの手続きなどについても指示しているが、その一つには「上記の経文を朗誦するさいは、銅で飾られ、銀の環をつけた石造りのスカラベの上で行え。そのさい、スカラベは死者の頸《くび》の上に置け」と書いてある。そして、そのあと、スカラベは死者の心臓の上に置かれるのであった。スカラベは心臓として機能すると信じられていたからである。これは王から民衆に至るまで、守らねばならぬ共通の方式なのであった。

生者のための護符は、無病息災、旅の安全、家庭の幸福、安産、などを祈願するためのものであった。スカラベが民衆にこれほど好まれたということは、スカラベが生命・再生・創造・変身の神をあらわしているからで、またスカラベが比較的安い値段で入手できるということも作用していた。

新王国時代のあと、第二十一王朝でスカラベ信仰はさらに発展し、そのデザインもさらに多様化した。タマオシコガネの実物を模したスカラベ、形を抽象化したスカラベ、翼を大きくひろげた形のスカラベ、翼のないスカラベ、羊の頭をつけたスカラベ、ハヤブサの頭をつけたスカラベ、などさまざまであった。

このような信仰対象となったタマオシコガネは、その小さなサイズにもかかわらず、死んだときは鄭重にミイラとされ（つまり乾燥した死骸）とされ、埋葬された。多くの場合、布に包んで壺におさめるのが埋葬形式であったが時には石棺に（石棺に！）おさめることもあった。別枠記述でガイヤール・ダレシ報告のいくつかの例を示すので、くわしくはそれを見ていただきたい。

ガイヤール・ダレシ報告（タマオシコガネの柩）

①　タマオシコガネの柩　石灰岩製。長方形、長さ一六センチ、幅九・五センチ、高さ九センチ。サッカラ出土。中に石灰岩の一片に刻まれたタマオシコガネがある。これは黒色に塗られていたはずである。穴があいているのは、ミイラとなったタマオシコガネの頭部に護符としてつけるためであったはずである。この彫刻スカラベは厚さ二センチの楕円形の台の上に置いてあり、その台には長さ七センチ、幅四センチ、の溝が掘ってある。ここにタマオシコガネのミイラをお

さめたのである。いまは、ミイラはない。

②　タマオシコガネの柩　石灰岩製、長方形、長さ一四センチ、幅一〇・六センチ、高さ一〇・五センチ。サッカラ出土。蓋の表面にタマオシコガネの粗描彫刻があり、黒く塗ってある。蓋を受ける槽は各辺で、蓋よりも一・五センチ広く、蓋は棺の上に石膏で固定されるようになっている。ミイラは失われている。

③　タマオシコガネの柩　石灰岩製、長方形、高さ六センチ、幅七センチ、長さ一〇・五センチ。サッカラ出土。蓋の上に大ざっぱな線のタマオシコガネの彫刻がある。棺の底に、長方形の凹みが掘ってあり、そこに布で包まれたタマオシコガネのミイラがおさめてある。蓋は各辺で棺より〇・五センチ広く、溝によって槽に固定されるようになっている。蓋と棺の双方に一個ずつ〇じるしがあり、正しい固定位置を示している。

④　タマオシコガネの柩　石灰岩製、長方形、高さ五センチ、長さ九センチ、幅八・二センチ、サッカラ出土。蓋の上部表面にタマオシコガネの粗描が彫刻されている。槽は長さ四センチ、深さ三センチの凹みをもっており、小形のタマオシコガネをいれる場所である。ミイラはない。

⑤　タマオシコガネの柩　石灰岩製、長方形、高さ七センチ、長さ一一センチ、幅五・五センチ、サッカラ出土。上部表面にタマオシコガネが彫刻され、黒く塗ってある。前肢のあいだに〇という形（マルの下に横棒）の環がついている。左側側面に凹みが掘ってあり、石の蓋で閉ざす

ようになっている。中には非常に大きいタマオシコガネが、包み布なしで置かれている。後部側面には、黒色の銘文のあとがあるが、いまは読解不能の状態である。

⑥　タマオシコガネの柩　石灰岩製、長方形、高さ五・五センチ、長さ九・五センチ、幅六センチ、サッカラ出土。上部表面にタマオシコガネが彫ってあり、黒く塗ってある。側面に凹みがあり、タマオシコガネをおさめる場所となっている。

⑦　タマオシコガネの柩　石灰岩製、長方形、高さ五・五センチ、長さ九・五センチ、幅六センチ、サッカラ出土。上部表面にスカラベが彫刻され、黒く塗ってある。側面に凹みが掘ってあり、タマオシコガネをおさめるようになっている。ミイラなし。

⑧　タマオシコガネの柩　石灰岩製、長方形、高さ七センチ、長さ八センチ、幅六・八センチ、サッカラのセラペイオン〔聖牛墳墓、第八章で詳述〕から出土。蓋は溝をすべって棺を閉ざすようになっている。上部表面にタマオシコガネの彫刻がある。細工は上等である。ミイラはない。

⑨　タマオシコガネの柩　石灰岩製、長方形、高さ五センチ、長さ一〇センチ、幅九センチ。出土地不詳。蓋は⑧と同形式のもの。一方の側に、つまみをいれる穴がつくってある。ミイラはない。

⑩　タマオシコガネの柩　黒色玄武岩製、長方形、長さ六センチ、幅三・三センチ、高さ四・二センチ、出土地不詳。槽の三つの辺は直線であるが、第四の辺は二つの面をもつようにつくら

れ、ちょうど切妻形のナオス（神像安置室）に似た形になるようになっている。凹みの深さは二・五センチ。蓋の厚さは〇・五センチ。槽の内部の各面は平らに仕上げてあるが、四隅の角度は直角ではない。

タマオシコガネ用の石棺の出土地がほとんどサッカラであることに注意していただきたい。サッカラは、古王国時代から、王家の墓地であるとともに神聖獣の墓地であり、特別の聖地（猫のブバスチスのような）を持つものも持たないものも（タマオシコガネはそうだった）、ひとしくそこに埋葬されたのである。

タマオシコガネの神性は、薬物としての魔力という形にも発展した。新王国時代の医学パピルスの一つ、エーベルス・パピルスには次の処方が精神の病いに効くと記してある。「一匹の大きなタマオシコガネをつかまえよ。頭と翅《はね》を切りとったのち、これを茹《ゆ》でよ。ついで、これを油に漬《つ》けよ。これ〔軟膏状になっている〕を患者に用いよ。さらに、頭と翅を煮て、蛇の脂の中に漬けよ。これを煮立てて、飲料として患者に与えよ」。

精神の病いといえば、精神病の人に嚙まれたときの傷の手当というのが第十八王朝の医学パピルスに載っている。それによれば、次の四つの手当がある。

①アンジュー壺〔エジプトの壺の名〕の断片と粉にした葱《ねぎ》をあわせて粉にし、これを患部に塗って包帯をする。②テレビン樹脂、ヌビアの土、山羊の胆汁をまぜあわせ、これを患部

に塗り、包帯をする。③ネチェル〔植物名〕、テレビン樹脂、エゴノキ科植物をまぜて煎《せん》じ、軟膏とする。これを患部に塗って包帯をする。④最初の日に新鮮な肉を包帯として患部に当てる。ついで、油と蜜を用いて手当し、具合よくなるまでつづける。そのあと、油と蠟を患部に施せば早急な恢復に至る。

末期エジプトになると、タマオシコガネへの好みは、エジプトのグノーシス派によって引きつがれた。絶対知によって神と人間と世界に関する問題を解決するというこのグノーシス派は、直観とか超越的なものの啓示によって絶対知に達すると主張していた。その思想に神秘的なタマオシコガネがはいったのであった。

ついで、ネオ・プラトニズムの象徴哲学の中に登場した。そのあと、キリスト教時代にはいると、初期の神父たちの象徴哲学の中で大きな役割をもった。タマオシコガネがキリストになぞらえられることさえあった。

そして、そのあと、タマオシコガネの神性は消えていった。

第六章　鰐

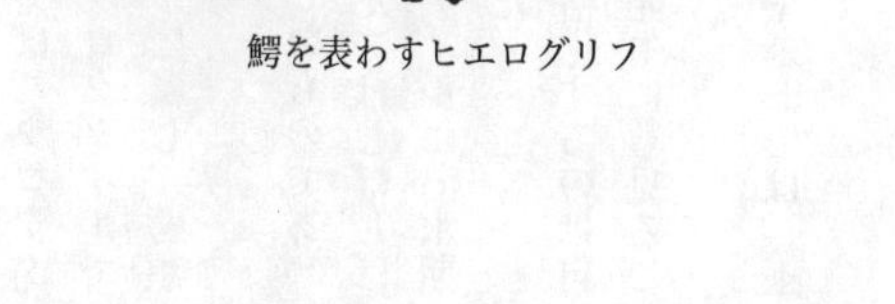

鰐を表わすヒエログリフ

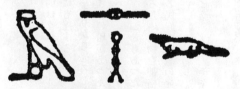

ナイルの暴れん坊

鰐に二種類あることを、たいていの人は知っているはずである。英語でいえば、クロクダイルとアリゲーターの二種である。大ざっぱにいえば、アフリカ大陸の鰐はクロクダイルであり、アメリカ大陸の鰐はアリゲーターである。ナイル河の鰐はクロクダイルに属し、鰐類の中で最大最強のものである。大きいものは体長七メートルにも達する。

古代エジプト人にとって、ナイル河の鰐はその歴史のはじまりから恐ろしいものであった。ナイル河をゆく船（交通・輸送・漁業にたずさわるさまざまの船があった）はしばしば鰐に襲われたし、岸辺の住民も犠牲となることが珍しくなかった。さらに、ナイルに渇水期が来ると、陸地に上ってきて食糧を求め、家畜や人間が餌となることもあった。

ナイル河によって生きるエジプト人が、ナイル河の最も恐ろしい動物を神格化するのは自然なことであった。神格化の前提に恐怖があるのは、いかなる民族の宗教の発生にも見ることができる現象である。

エジプト人は鰐の姿をした神をソベクと呼んで崇拝した。ピラミッド・テキストでは、王がソベクになぞらえられている。

第八九節にいう。「余はソベクがネイトを見るように、神々を見る」、ネイトは戦いの女神でありソベクの母である。

第五〇七節から五一〇節にかけては、王がソベクになることを次のように示している。「余は本日、氾濫の水（ナイル河）の中からあらわれ出た。余はソベクである。緑の羽毛（鰐の背の緑がかった色をさす）をそなえ、注意ぶかく見張り、顎を立て、日光の中の偉大なるもの（女神ネイトのこと）の脛《すね》と尾から来て荒れ狂うものである。余は、偉大なる氾濫の水の岸にあるわが水路に来た。大地にある緑なす満足の場所に来た。大地にある草を、余は緑とした。この野に住む偉大なるもの（女神ネイト）の眼を楽しませるためである。余はネイトの息子ソベクとなってあらわれる。余はわが口によって食し、わが性器によって排泄し、交接する。余は種《たね》の保有者であり、望みのままに、いかなる夫からも女性を取るものである」。

第一五六四節には「余はシェデトにあるソベクとなって統治する」とある。このシェデトというのは下エジプトのファユーム盆地にあった町で、現代名をメディネト・エル・ファユームという。ピラミッド時代に、ここにソベク神殿があったのである。

ソベク信仰が膨張するのは、中王国時代になってからである。幾度も記したように、中王国時代は農業の大飛躍の時代、水路開発の大工事の時代であり、一方それはまたオシリス信仰の興隆の時代であって、この動きの中で、鰐の威力が認識されたのである。

古代のスエズ運河が造られたのもこの時代である。今日のカイロで分れる東部支流はザガジグで分水してツミラト凹地というところにはいり、これが東のチムサに通じていたのだが、中王国の王はこれをビター湖までつないだのである。ビター湖は古くから紅海につながっていたので、このとき、地中海はナイルを経由して紅海に結びつく大交通路となったのである。

さて、その運河には、ナイル本流から移動してきた鰐が多く棲んだ。とくに一つの湖には鰐の群がみられた。中王国のエジプト人はこの湖に「鰐の湖」という意味の「ムサク湖」という名を与えた。この湖は東方からエジプトへ侵入して来る者に対して「恐怖の湖」となり、軍事上の役も果した。長い時間がたって、紀元後七世紀にエジプトを征服するアラブが見て驚くのはこのムサク湖の鰐である。彼らは鰐を見たことがないからである。そこで、他の地名や湖にはアラブ語の名称をつけたにもかかわらず、この湖の名は古代エジプトいらいの名称「ムサク湖」を転訛したチムサ湖となって残るのである。こうして、古代の名称が、チムサ湖に全く鰐のいない今も生きているという次第である。

王冠をいただいた
ソベク神

恐ろしい鰐を捕えたことを、誇りをもって記した最初の王は、第十二王朝の初代の王アメンエムハト一世である。個人名の中にソベク神の名をいれてソベク信仰を公式に表明した最初の王は、同じ王朝の五代目の王センウスレト三世である。この王は、第一中間期にこわされたソベク神殿を再建し、この地に「鰐の都」（ギリシア名クロコディロポリスで知られる）という名を与えた。神殿はファユーム盆地にあるモイリス湖の岸辺にあった。湖には多くの鰐が棲んでいた。神殿には一頭の鰐が飼育され、神聖鰐の扱いを受けていた。

注目すべきことは、鰐神ソベクは、ナイルの恐ろしい存在としてのみ認識されていたのではないということである。オシリス神話の中に、鰐は貴重な役割を認められたのである。

オシリスが五体をバラバラに切断されてナイルに流され、それを妻イシスが探し求めて歩き、ついにそれをみつけて拾い集めることに成功するというオシリス神話を、読者は記憶しているはずであるが、そのさい、ナイルからバラバラの五体を拾い集めることにイシスが成功するのは鰐の努力と奉仕のおかげである、というのが中王国の信仰思想となったのである。つまり、ナイルの暴れん坊の鰐は、その力のゆえにオシリス救済者となったというわけである。オシリス信仰が最高に高まった中王国時代であったがゆえに、オシリス救済者としての鰐の地位がいよいよ高くなるのは当然であった。ソベク神殿は増築され、ソベクの名をもつ王と女王もあらわれた。センウスレト三世のあとに王位についたアメンエムハト三世は、その神殿を彫像で飾った。彼の記録は「王はクロコディロポリスのソベクの館〔神殿のこと〕に、王座に坐した高さ五キュビット〔約二・五メートル〕の彫像を、十体置いた」と述べている。この彫像の石材は玄武岩であった。一〇体の彫像は王の肖像だけではなく、ソベク神像もあったはずである。

次の王アメンエムハト四世は、治世中の初期の数年を除けば、ずっと妃ソベクネフェルと共同統治をした。この妃の名に注意していただきたい。その名は「美《うる》わしきソベク」という意味である。それは単に荒々しいソベクの名をおのれの名の中に組みいれたということではなくて、オシリス救済者の名をもまたとりいれたのであった。そのとき王妃の名は、民衆に対して、恐ろしい妃としてではなく、民衆救済者のイメージを与えることができた。なぜならオシリスは万民のシンボルであったから。

王の死後、数年間、彼女は単独で「君主」として統治した。ついでそして、第十三王朝の五人の王がソベク・ホテプという王名をもつことになる。この王名は「ソベクは満足する」という意味である。

中王国時代のファユームにおける鰐信仰の跡は、一五〇〇年ものちにこの地を訪ねるヘロドトスによって確かめられている。彼のエジプト訪問はペルシア人の統治時代であるが、古代の建造物はエジプト人によって大事に扱われていた。神聖な場所には余人を近づけないという厳しさも守られていた。わがヘロドトスは「鰐の町」と同じ線上に建てられた「迷宮」を訪ねる。地上については彼の参観を許されるのであるが、地下については許されない。ヘロドトスはこう書いている。「地下室のことは話にきいたところを記すのである。というのは係りのエジプト人が、地下にはこの迷宮を建てた諸王と聖なる鰐を葬った部屋があるといって、どうしても見せようとしなかったからである」。

この中王国時代の鰐神殿は今世紀に発見された。神殿のサイズは地味なものであって、最も長い部分（奥行き）でも九・七メートルである。考古学者の復原図によれば、神殿は三つの部分から成り、はじめに列柱ホールがある。天井はパピルス形の二本の柱で支えられていた。このホールの奥壁には通行用の開孔部がつくられていた。その開孔部をすぎると前庭にはいる。前庭の奥には、三室に分れた至聖所があった。この神殿が古代エジプト末期に、プトレマイオス王朝の諸王によって入念に管理されたことも、発見された王名によって分っている。

中王国時代の宗教文書、コフィン・テキストに、ソベクはいろいろな状況と役割をもって示されている。第一五八節で、ラアに呼び出されて、失われたオシリスの手を探せと求められたソベクはいう。

「私は漁《すなど》りをしました。私は探しました。それは私の手から水底に逃げました。しかし私はついにつかまえました。魚とりの罠《わな》によってです。このような経過で魚とりの罠が生れたのであります」。ソベクはここではラアに奉仕する善神である。

死者がソベクに変身する第二八五節では、ナイルの支配者としてのソベクが出ている。

「私は沼地の投棒である。私は湖を渡る。私は岸辺を歩くとき機敏である。私は、交接するときに食するものである。私は偉大なるもの〈魚のこと〉を食する。私は彼〈偉大なるもの〉の鱗《うろこ》を食して生きる。私は彼の知っていること、彼の力の源を食して生きる。私の水辺の居住地として、また私の散策地として、北の沼地が私に与えられた。私は水中にある偉大

天界の神々の図　鰐、河馬、ハヤブサ、牛、エジプトハゲワシ、ライオンの姿がある

なるものを食して生きる。水中にある偉大なるものは私を恐れる。私は水の主としてあらわれる。私は曲りくねった水路の主である」。この節は、死者が貪欲《どんよく》になって、いくら食べても満たされず、どんなことをしているときでも食べることはやめないという状況を示す、と解されている。

　強さを示すために、鰐の顎はしばしば引きあいに出される。その一つ、第三九八節にいう。「王の船の後部は鰐の顎である」。

　第四七四節は、捕えられることのない鰐に死者が変身している様を示している。「うしろを振りかえる者、槍をもって漁りする攻撃的な者、網をもつ漁師よ。御身は谷で漁りする。御身はその網の中に死者を捕えるが、私を捕えることはできない。その罠の中に地上のすべてのものを捕えるが、私を捕えることはできない。私はその爪から逃れた。私はソベクとなってあらわれた。私は私の腕を、御身から逃れて飛ぶもの〔鳥のこと〕のように用いた」。

死者がソベクとなって強くなることは、第九九一節にも記されている。これは、鰐の獰猛さの説明でもある。

「私はぐるぐるまきになった者〔オシリスのこと〕から出た種《たね》である。私は鉄を切る者の歯を砕く者である。私は鰐の姿をもつ力の主である。私は悲しみを食して生きる悪者の主である。私は、オシリスが切断されたゆえに舌を切りとられた鰐である。私は九柱神の恐れる者に恐怖をいだかせる者である。私はナイルの主である。私は、ナイルを与えられた東に上り、西に沈む神である。私は、すべての州の神々のおかげで、弱さを全くもたない者である。私は八柱神が跪く神である。私はソベクである。神々のあいだに存在する叛乱者である。神々よ、御身らは私に対して何をなすこともできない。なぜなら、私は天と地を所有しているから。私は崇拝を得る者である。私はソベクである。争いの主である。私はソベクである。両岸の主である。私はソムウトの女たち〔内容不詳〕を受胎させる者である。私は掠奪に訴える者である」。

ソベク神殿

新王国時代になると、鰐そのものとソベクについての表現ははるかに豊富となる。『死者の書』では、神である鰐ソベクと、悪魔である鰐とが区別されている。多様性という点では、祈禱経文よりも図像のほうがまさっている。このことは、すでに見た神々の場合と同じである。

死者を助ける善なる神ソベクは、他の神々の行為の列挙の中に、簡単にあらわれるだけである。第七一節には、「見よ、鰐の頭をもつ神ソベクはその領土をかけめぐる。見よ、サイスの女神ネイト〔ソベクの乳母〕はその運河と農園をかけめぐる」という形で出ている。ところが、悪魔としての鰐については、それをしりぞけるための長い経文が、いくつもの節に記されている。第三二節に、それを見ると——。

立ち去れ、鰐の顔をもつ悪魔よ。
汝は西のかたに住む者。
汝が十二宮のしるしを食していることを私は知っている。
いま、私が汝の最も嫌うものを、
わが心にもたらすことを知れ。
ああ、汝はオシリスの面前で、
自らをいためつけた。
知れ、私はラアである。
立ち去れ、鰐の顔をもつ悪魔よ。
汝は西のかたに住む者。

蛇の霊ナアウがわが心に住むことを知れ。
私はそれを放って汝に立ち向わせよう。汝の火が私を傷つけることができないようにするために。

立ち去れ、鰐の顔をもつ悪魔よ。
汝は西のかたに住む者。
汚物を貪り食う者を汝は食して生きる。
私がわが心の中にもたらすものを、
汝は最も嫌う。
見よ、私は歩く。まことに、私はオシリスである。

第三二節の経文はさらに、さらに、ながながと続く。はじめの二行が繰返しで、そのあとはちがっているという形式である。

『死者の書』でそれほど恐れられているということは、鰐がこの世の日常生活でいかに恐れられていたかの証拠でもあるわけだが、それだからこそ、こんどは、そういう鰐のいるナイルを渡って恋人に会いにゆくということは恋の強さの証しとなった。第十八王朝時代の一篇の恋の詩は、そのことをうたっている。

わが愛する女《ひと》は向う岸にいる。
川が腕となってわれわれを隔てている。
鰐が砂地にいる。
私は水にはいり、波に身を沈める。
わが心は波に乗って強くなる。
水はわが足の下の陸地となる。
われをかく強くするものは彼女への愛。
川の危険をしりぞけるものはその愛。

鰐の恐ろしさは、民衆のあいだに、護符を生む根拠になった。とくに子をもつ母親が鰐を象《かたど》った護符を携行するのを好んだ。恐ろしい鰐の護符が、子に危害を加えようとするものを退ける、という信仰からであった。
王の記録はどうかといえば、第十八王朝のトトメス三世は、アジア遠征の記録で、いかに王が敵に恐れられたかを列記したくだりに、こう書いている。「彼らは王は鰐であると見なさざるを得なかった。水の中の、近づくことのできない恐怖の主、鰐であると」。また第十九王朝のセティ一世はヌビア遠征のさいの記録に「彼らは王は鰐であると見なさざるを得なかった。岸の上の、近づくことのできない恐ろしいもの、鰐であると」。同じくセティ一世は、ヌビアに採石隊を派遣したさいの記録の中で「王の花輪はシルシラ〔地名〕の主ソベクの神殿から毎日とどけられた」と記している。ソベクの神殿から来る花輪は神聖であり、採石隊の作業成果を高める力をもっていたはずである。

同じ王朝のラムセス二世も、各神殿に割りあてた地域と住民のリストの中にクロコディロポリスのソベク神殿以外のものについても記している。そのころ、ソベクの神殿はファユームの湖畔のクロコディロポリスのものだけではなく、各地に建てられていた。だから、リストには、ネシト・クロコディロポリスとか、メシアとかの地名（それを現在のどこと比定することはできないのだが）があげられ、そこにソベク神殿の名が出ているのである。上エジプトのテーベにもまた、神聖鰐を飼育するソベク神殿があったはずである。

第二十王朝のラムセス九世の時代にはペロノケのソベク神殿があった。このペロノケという地名が今日のどこに当るかは不明である。このペロノケのソベク神殿に奉仕していたパイネシという祭司が、職を辞してのち王墓荒しの盗賊団に加わってラムセス九世時代に裁判にかけられたという記録が残っている。もっともらしく構えた祭司の中に、きわめていかがわしい者もいたわけである。

鰐は一方で神格化されながら、他方で王家の狩猟の対象になった。鰐を捕えることは、王の勇気のしるしであった。鰐を捕える方法の一つとして、ヘロドトスの記述しているのは興味ふかいが、これは王の狩猟の方法ではない。王はつねに槍をもって向う（もちろん多くの護衛援護者を伴ってだが）のであって、その模様は彫像にも壁画にもパピルスにも（ツタンカーメン王の遺物はその好例）頻繁に描かれている。

ヘロドトスの記した次のようなものは、鰐神信仰地以外での、民衆による捕獲法であるにちがいない。

「狩り手は豚の背の部分を餌にして鉤につけ河の中流へ放ち、自分は仔豚をつれて河辺に立ち、この仔豚を叩くのである。鰐は豚の声をきいて、その声のする方へ進んでくるが、そこで豚の背にぶっつかりこれを呑み込む。それをみなで曳きよせるのである。鰐が陸に曳き上げられると、狩り手は何をおいてもまず鰐の両眼を泥で塗りつぶしてしまう。そうしてしまえば後の始末はきわめて容易であるが、それをしないと大変な手間がかかるのである」。

新王朝時代は『出エジプト記』の時代である。エジプトを出たイスラエル人は、カナンの地に国を築くわけだが、ナイル河の鰐の恐ろしさは彼らの記録から消えることはなかった。エジプト人がその恐ろしさ、その強さを一括して一つの文章に示したことがないのに対し、イスラエル人はそれをした。旧約聖書の『ヨブ記』第四一章がそれである。これは、神がヨブに語っているくだりで、まずナイル鰐の恐ろしさと強さを示し、つづいて神の力をこれに比べて述べているのであって、ナイルの鰐を叙述した古代オリエントのまとまった唯一の文章として興味ふかい。左にそれを示す。

あなたはつり針で
わにをつり出すことができるか。
糸でその舌を押えることができるか。
あなたは葦のなわをその鼻に通すことができるか。
つり針でそのあごを突き通すことができるか。
これはしきりに、あなたに願い求めるであろうか。
柔かな言葉をあなたに語るであろうか。
これはあなたと契約を結ぶであろうか。
あなたはこれを取って、ながくあなたのしもべとすることができるであろうか。
あなたは鳥と戯《たわむ》れるようにこれと戯れ、
またあなたのおとめたちのために、
これをつないでおくことができるであろうか。
商人の仲間はこれを商品として、
小売商人の間に分けるであろうか。
あなたは、もりでその皮を満たし、
やすでその頭を突き通すことができるか。

あなたの手をこれの上に置け、
あなたは戦いを思い出して、
再びこれをしないであろう。
見よ、その望みはむなしくなり、
これを見てすら倒れる。
あえてこれを激する勇気のある者はひとりもいない。
それで、だれがわたしの前に立つことができるか。
だれが先にわたしに与えたので、
わたしはこれに報いるのか。
天が下にあるものは、ことごとくわたしのものだ。

わたしはこれが全身と、その著しい力と、
その美しい構造について
黙っていることはできない。
だれがその上着をはぐことができるか。
だれがその二重《ふたえ》のよろいの間に
はいることができるか。

だれがその顔の戸を開くことができるか。
そのまわりの歯は恐ろしい。
その背は盾の列でできていて、
その堅く閉じたさまは密封したように、
相互に密接して、
風もその間に、はいることができず、
互に相連なり、
固く着いて離すことができない。
これが、くしゃみすれば光を発し、
その目はあけぼののまぶたに似ている。
その口からは、たいまつが燃えいで、
火花をいだす。
その鼻の穴からは煙が出てきて、
さながら煮え立つなべの水煙のごとく、
燃える葦の煙のようだ。
その息は炭火をおこし、
その口からは炎が出る。

その首には力が宿っていて、
恐ろしさが、その前に踊っている。
その肉片は密接に相連なり、
固く身に着いて動かすことができない。
その心臓は石のように堅く、
うすの下石《したいし》のように堅い。
その身を起すときは勇士も恐れ、
その衝撃によってあわて惑う。
つるぎがそれを撃っても、きかない。
やりも、矢も、もりも用をなさない。
これは鉄を見ること、わらのように、
青銅を見ること朽ち木のようである。
弓矢もこれを逃がすことができない。
石投げの石もこれには、わらくずとなる。
こん棒もわらくずのようにみなされ、
投げやりの響きを、これはあざ笑う。
その下腹は鋭いかわらのかけらのようで、

麦こき板のようにその身を泥の上に伸ばす。
これは淵をかなえのように沸きかえらせ、
海を香油のなべのようにする。
これは自分のあとに光る道を残し、
淵をしらがのように思わせる。
地の上にはこれと並ぶものなく、
これは恐れのない者に造られた。
これはすべての高きものをさげすみ、
すべての誇り高ぶる者の王である。

オシリスを救う神

新王国時代の王が、自らの力を鰐に比べたことはすでに述べたが、そのナイルの鰐を外国の王に贈ることによって、一方では威力のしるしを、同時に友好のしるしを示そうとしたということもまた興味ふかい。こうして、エジプト王はアッシリアの王、チグラト・ピレセル一世にナイルの鰐を贈ったのであった。

新王国時代がおわって第二十一王朝にはいると、ソベクとオシリスとの関係が新しい展開をとげた。すでに中王国時代に、ソベクはオシリスの救済者として認識されたのであるが、

ソベク神殿の鰐のレリーフ　王冠に蛇がついている

第二十一王朝は図像によってその認識を華麗に描いた。こうして、沼地からオシリスを背にのせて運ぶソベクという絵図がこの時代にはじめてあらわれた。ソベクは力と恐怖の神から救済の神に変身したのである。こうして、クロコディロポリスとテーベのソベク神殿の鰐は、いよいよ華やかな待遇を受け、耳にはガラス製や黄金製の耳輪を、前脚には足輪をはめた、というわけである。

古代エジプト最後の王朝であるプトレマイオス王朝期には、ソベク信仰はさらに膨張した。王家はアスワンの下流約一〇〇キロのコム・オンボにソベク神殿を築いた。その位置は岸辺であって、ナイルの主を祭るに最もふさわしい場所が選ばれたのであった。遺跡には今もかなりの部分が残っていて、古き日の華やかなソベク信仰を十分に偲ぶことができる。

しかし、豪華な装身具をつけない、神域外のナイル河の鰐一般も神聖獣なみに扱われた。ただし、それはファユーム地方、テーベ地方、コム・オンボ地方のことであって、その他の地域では、鰐は悪魔の化身とされ、憎まれ、攻撃され、殺され、そして食料にさえなった。とくにアスワン地方においてそうであった。アスワンの信仰主神は羊の姿をもつクヌム神なのであった。水に流されたオシリスを食べたのは、この鰐であるという考えかたも、この鰐憎悪に作用していた。ここに、古代エジプトの信仰の顕著な地域性を、われわれは見る。一地方で崇拝されるものを他地方で無視するという程度の地域性ではなく、この鰐の場合には、憎悪し、殺すということまでするのであるから。

鰐を神聖獣として扱った地域についての話にもどる。

鰐は死ぬと、ミイラとして鄭重に埋葬された。卵の埋葬も行われた。鰐の産卵は数個単位でなされ、育たない卵も出るので、そういう卵を埋葬したわけである。

プトレマイオス期には、全エジプトを通じて主要埋葬地はコム・オンボであった。だから、今日われわれの知っている鰐のミイラと柩は、すべてコム・オンボまたはその付近からの出土であり、その時代もプトレマイオス期である（下エジプトのクロコディロポリスからの同類物の出土がないのは、中世いらいのヨーロッパ人好古家に荒らされたからである。地中海から遠いコム・オンボはその墓荒しの手を免れたのである。このことは、猫の章で、下エジプトのブバスチスと中エジプトのベニ・ハッサンのちがいについて述べたことと同じである）。

鰐のミイラ製作はどうかといえば、まず鰐をナトロンの水槽につけたのち、いくつかの方法がとられた。小形のもの（長さ二五センチないし三〇センチ）の場合には、二本のナツメヤシの棒のあいだに鰐をはさみ、顎を紐で締めたのち、棒の上からぐるぐるまきに紐をまわす。それから瀝青の液体につける。もっと入念にする場合には、鰐を広い布で包み、ついでナツメヤシの小さな棒を幾本もその上に置き、布で巻く。そのあと、瀝青の液体につける。大形の鰐の場合には、ナトロンの槽につけたのち、瀝青を塗り、粗雑な布で包む。ミイラの柩は木製のものが多く、石棺は発見されていない。くわしくは、別枠記述のガイヤール・ダレシ報告の要旨を見ていただきたい。

ガイヤール・ダレシ報告（鰐のミイラと柩）

① 鰐のミイラ　長さ五・二メートル。四肢はすべて後ろ向きにして、右と左に、体軀に締めつけてある。ナトロン液につけたのち、たっぷりと瀝青を塗り、ついで広い布で包んだ。ただし、いまはその残片が見られるにすぎない。

② 鰐のミイラ　長さ四・六五メートル。①と同様にミイラ化してある。ところどころに布の断片がみられる。

③ 鰐のミイラ　長さ四・五五メートル。①と同じ外観を呈している。頭と体軀に瀝青のあとがあり、布の断片も見られる。頭部にかなり深い傷がある。死ぬより前に、少くともミイラ化より前に生じた傷であることは確かである。なぜなら、裂け目に瀝青がはいっているから。

④　若い鰐の包まれたミイラ　長さ三一センチ、幅七センチ。ミイラには瀝青のあとがない。ナトロン液につけたのち、布で包み、その上に幾本もの小さいナツメヤシの棒を置き、その上をさらに布で包んである。上のほうの布、つまり外部に出ている布は、白と黒で、装飾化して、交互に巻いてあり、背のほうには小さな四角形がいくつもできるようにしてある。頭部は黒い布で包んであり、その上に明るい色で楕円形の眼が描いてあり、眼の中心に瞳もある。

⑤　若い鰐の包まれたミイラ　長さ二五センチ、幅七センチ。黒と明るい褐色の上質の布で、美的に巻いてある。すなわち交叉して巻き、上部の面は三列の四角形ができている。下顎と、横腹の布は装飾用の布を押えて締める別の布で、保護されている。

⑥　若い鰐の包まれたミイラ　長さ三八センチ、幅六センチ。パピルスの茎《くき》を体長の方向に置き、その上から白味がかった広い布で包んである。装飾用の包帯はない。

⑦　若い鰐の包まれたミイラ　長さ一八センチ、幅四センチ。非常に小さいミイラ。ただ一枚のバラ色の布で包んである。眼は白い布と黒い布で作られている。

⑧　一群の若い鰐の包まれたミイラ　長さ四五センチ、幅四センチ。七体または八体の非常に若い鰐を大量の瀝青で接合したものである。それぞれの鰐は、直径四ないし五センチのナツメヤシの木の棒でまっすぐに保たれ、その上を紐で締めてある。

⑨　鰐の頭　包みものから外されたミイラ。長さ六一センチ、幅二三センチ。下顎の左側の歯列のうち二本が欠けているほか、異常はない。

⑩　鰐の卵　長さ八センチ、直径五センチ。サイズも形も、鰐の卵は家鴨の卵に似ている。外殻は白く、やや赤みをおびている。表面にミイラ化のときに用いた瀝青のあとが見える。

⑪　鰐の卵　長さ七センチ、直径五センチ。中にはなおも粉状の滓《かす》が残っている。内部の分解からできたものである。

⑫　鰐の卵　長さ一二センチ、幅八センチ。これは二個の卵からできていて、二個の卵は大量の瀝青によって接合されている。この瀝青には牛の骨の断片と牛の歯が一本ついている。

⑬　鰐の柩　杉で製作。長方形、長さ二三センチ、幅八センチ、高さ七・五センチ。上部表面に漠然と鰐の形が彫ってある。柩の一方の横腹に蓋がついていて、内部の窪み（長さ一八センチ、深さ五センチ）を閉すようになっている。内部には、若い鰐のミイラを固定するための詰めもの布が残っているだけである。

⑭　鰐の柩　杉で製作。長方形、長さ三六・五センチ、高さ八センチ。上部表面にかなり粗略に鰐が彫ってある。ミイラ用の室は長さ二四センチ、深さ四センチ。室には布の断片しか残っていない。蓋は失くなっている。

⑮　鰐の柩　杉で製作。鰐の彫像が二本の楔によって槽にはまる仕掛けになっている。作業は入念であり、鱗もつくってある。頭部の穴は、ミイラが神聖頭飾りをつけていたことを示している。

⑯　鰐の柩　スタッコを塗った布で製作。長さ二六・五センチ。若い鰐のミイラがおさめてあ

る。スタッコ塗りの布のケース。ケースの上部は平らで、尾のほうはわずかばかり左に寄っている。四肢は示されている。頭部は白色で描かれ、残りはすべて緑である。締め口は完全であって、ケースをあけることはできない。

神であった鰐は、また医薬品となった。鰐の糞は白内障の薬であった。といっても、糞だけで薬になったわけではない。第十八王朝の医学パピルス（エーベルス・パピルス）は処方を次のように書いている。「まことのラピス・ラズリ、珪孔雀石、香木の汁、牛乳、方鉛鉱、それに鰐の糞を加えてまぜ合わせて、これを粉とせよ」。その使用箇所については「眼の背に用いよ」とある。「眼の背」という奇妙な用語は瞼《まぶた》のことである。

鰐の糞はまた、他の物質と調合して咳どめの薬になった。エーベルス・パピルスはいう。「鰐の糞、ナツメヤシの星〔意味不詳〕、甘いビールをまぜあわせて、これを粉末とし、一日のあいだ食べよ」。

鰐の脂肪は禿頭防止の薬となった。これまた他の物質と合成するわけだが、鰐の脂肪のほかにライオン、河馬、猫、蛇、豚の脂肪を一緒にまぜあわせ軟膏とし、これを頭に塗るのである。

鰐に咬まれた時の手当は、同じ医学パピルスに次のとおり記してある。「鰐に咬まれて傷が生じ肉が露出し、両側の唇が引きはなされているときは、最初の日に生肉を貼ること」。

第七章　ハゲワシ

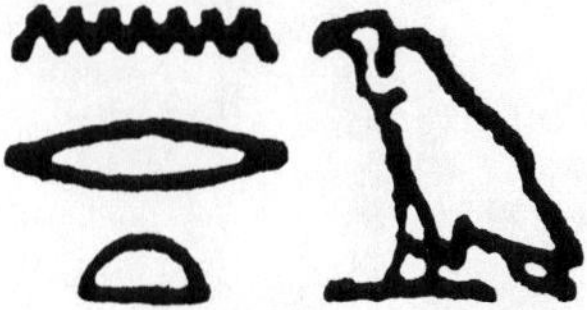

ハゲワシを表わすヒエログリフ

白い女神ネクベト

エジプトのハゲワシは、ハゲワシの中で独特の形態と能力をもっているので、分類学ではエジプトハゲワシという名称で呼ばれている。

全長六〇〜七〇センチ、平均体重二キロ、顔面と咽喉は黄色で、禿げている（そこでハゲタカと呼ばれていることもあるが、これは俗称であって、正しい呼称はエジプトハゲワシである）。羽毛は白で、頸の周囲と項《うなじ》には黄色い羽毛がピンと立っている。

今日その分布はアフリカ（コンゴからギニアにかけての熱帯雨林と南アフリカを除く）、中近東、小アジア、南ヨーロッパである。

飛びかたはコウノトリに似ている。あまりスピードはない。ぴょんと跳ねて飛びたち、大きく羽ばたいて上昇し、次第にスピードをあげてゆく。空が晴れて穏やかな日には一〇〇〇メートルから一二〇〇メートルの高さにまで達する。休息するときは、岩、樹上、大きな建物などの上にとまる。

以上の動物学上のデータは、『朝日ラルース世界動物百科』に拠って記したものであるが、このようなエジプトハゲワシの姿を想い浮べつつ、古代エジプトへはいってゆこう。

古代のエジプトには、とくに上エジプトには、このエジプトハゲワシが多数生息していた。上エジプトでは、空飛ぶもののうち、最も目立つものはエジプトハゲワシであった。それは自然にエジプト人を惹きつけた。

　しかし、エジプト人に最も深い感銘を与え、信仰との結びつきを生みだしたものは、エジプトハゲワシの神秘的な能力であった。エジプトハゲワシは道具を使うという異例の鳥なのである。一種の高等動物なのである。

　それはどういうことかというと、エジプトハゲワシは自分の嘴《くちばし》ではこわすことのできない殻《から》の厚い卵とくに大好物の駝鳥の卵に対しては、石や岩の断片を口にくわえて、これで打ち割り、中身をすするのである。この行動は今日の動物行動学者あるいは生態学者を当惑させているらしいのであるが、古代エジプト人もまたその行動に深く打たれたのであった。この行動が現代の学者によって「発見」されたのは遠くない過去のことである。が、たえず愛と畏敬の念をもって動物と接している古代エジプト人はそれを見たはずであった。そして、そこから、エジプトハゲワシの神格化がはじまったのである。この鳥の大好物の駝鳥の卵に関連して少し補足すると、駝鳥は今日エジプトでは見られない。しかし、古代においては多数生息していたのであって、いつのころからか（たぶん猟銃が活動した近世以降）減少しはじ

ハヤブサ神（ホルス）とハゲワシ女神（ネクベト）を示す図
(第2王朝)

め、一〇〇年前の一九世紀末にエジプトから姿を消したという鳥である。

エジプトハゲワシの神格化はすでに先王朝時代にはじまっていた。そして上エジプトの地ネケブ（今日のエルカブ）に拠る豪族が上エジプトの支配権をにぎり、上エジプト王国を建てたとき、エジプトハゲワシは上エジプト王国のシンボルとなり守護神となった。都の名にちなんで、彼らはエジプトハゲワシに化身しているものを女神とみなし、その名称を都の名にちなんでネクベトとした。「ネケブの聖鳥」という意味であった。ネケブには女神の神殿が建てられ、王は円筒状の白く長い王冠を頭につけた。一方、聖鳥の正式名称は「白いネクベト」となった。白の強調は、もちろんエジプトハゲワシの羽毛の白に由来するのであった。

同じころ、下エジプトにはブトに拠る指導者によって下エジプト王国がつくられ、その国のシンボル、守護神は蛇であり、王冠は後部に羽根をつけた環状のものであり、赤い王冠であった。

二つのエジプトが統一されたとき、「二柱の女神に属する者」（上エジプトと下エジプトの王というのと同義）という王の称号が生れ、王冠は合体して複合王冠となり、王冠の飾りはエジプトハゲワシと蛇をもってすることが慣わしとなった。そして、その時から、「二つ」ということはエジプトのすべての事柄に作用する根本理念となった。

王冠の二つの守護神の位置も、エジプトの地理上、方位上の理念によって定められたのであった。古代エジプト人にとって最重要の方位は、太陽の上る東であった。そこで東へ向って立つとき、右に上エジプトが、左に下エジプトが位置する。そこで、王冠の飾りは、王にとっての右に上エジプトのエジプトハゲワシを、左に下エジプトの蛇を置くことになったのである（王冠を外から見れば、エジプトハゲワシは左に、蛇は右に位置している）。このことは、だれでも馴染みになっているツタンカーメン王の王冠で、よく分るはずである（もっとも、まれには一匹の蛇だけということもある）。

古王国時代のネクベト信仰は、もちろんピラミッド・テキストに出ている。

第六九六節には「王が飢《かつ》えるなら、ネクベトもまた飢えるであろう」とあり、第一四五一―五二節にはもっと長く「おおネクベトよ、余を護れ。ヘリオポリスの王子の館に住むネクベトよ、御身はこれまで余を護って来た。私に奉仕してくれるようにあの神に余を推賞したのは御身である」と書かれている。

一方、ネクベトとワジェト〔下エジプトの蛇女神〕を一組とした存在をネブチと呼んで言及している場合もある。第三四節は「ネブチは王に対して親切である」といい、第八〇四節には「ネブチは御身を生んだ」とある。

王の記録にもネクベト信仰は表現されている。第五王朝のウセルカフ王は神への奉納物を記したリストの中で「南の神殿に住むネクベトのために、毎日一〇のパンとビールの奉納」と書いている。奉納物としてパンとビールは一組として扱われているので、それを一組とした一〇組を奉納したわけである。同じ王朝のサフラ王の奉納リストには「ペルウェルの女神ネクベトのために、毎日八〇〇のパンとビールの奉納」とあり、八〇〇という数字（前者と同様に八〇〇組である）が、ネクベト信仰の篤さを示している。また「ペルウェルの女神」とあるのは、篤いネクベト信仰がネケブに限定されず、別の場所にも移っていたことを示している（ペルウェルが今日のどこに当るかは不明）。

中王国時代になると、ネクベトはコフィン・テキストに次のような形であらわれる。

第三九八節にいう。「その係船柱はネクベトである。ネクベトの腕はホルスを抱いている」。これはホルス神の船の強さについて述べているくだりである。第八六三節は、ピラミッド・テキストで見たものと似ているが少し長く「死者が飢えるなら、ネクベトもまた飢えるであろう。死者が渇くなら、ネクベトもまた渇くであろう」となっている。第九五三節は、死者の強さを列記したところに「わが顔はセクメト、わが……はネクベト、わが爪は神々の鳩である」と記してある。点線の部はパピルスで欠字になっているのだが、前後関係から見て腹あるいは足であるかもしれない。

第九五七節には、死者である「私」とネクベトとラアの関係が述べてあり、神学的に入りくんだ内容であるが天かけるエジプトハゲワシの実際の姿をここにもわれわれは感ずることができる。「私は歓喜の船を造った。私は天空に上った。私はネクベトを造った。（中略）私はラア・アトゥム（太陽神）のために中空を渡った。私はネクベトの上と中に様々の姿であらわれるマアト〔真理の女神〕である。（中略）ネクベトはネクベトの中心に私を置いた。私が姿を再びあらわすときセト〔邪神〕が見るのはいとわしいことであるから」。

　中王国時代の王の記録はといえば、第十二王朝のアメンエムハト三世は王の称号の一つを、「ネクベトに愛されたる者」といい、そこにネクベト信仰を表明している。

　中王国時代に、エジプトハゲワシはもう一つの女神の化身となった。戦いの女神ムートである。ムートはテーベの主神アメンの妻であるとみなされた。新王国時代に、エジプトハゲワシがもつことになる多面的性格の、これは先駆であった。

　新王国時代の『死者の書』にはネクベトは登場しない。『死者の書』はピラミッド・テキストやコフィン・テキストよりもずっと短かいことをさきに記したが、このことによって当然、過去のテキストに出た神々の多くは省かれているのである。

　そのかわり、『開口の書』がネクベトに言及している（この書は死者のミイラの口に生命を吹きこむという儀式の経文と祭式儀礼を述べたものである）。同書の「八番目の儀式」の

エジプトハゲワシの嘴をもつ女神ムート

くだりに「ネケブの町から来るネクベトの芳香は御身を浄め、御身を飾る」とある。女性の芳香というイメージを浮き出させるこの表現は、いかにも女神ネクベトにふさわしい。「十六番目の儀式」のくだりには「ネケブの

町から来るネクベトの芳香は御身のためのものである。それは御身を浄め、御身を飾り、御身の両手に住む」と書いてある。

王の記録にネクベト信仰を見ると、第十八王朝のトトメス四世は「ネケブの白い女神ネクベトは王の飾りを安定させた。女神の両手は王のうしろにある。女神は王のために九つの弓をしばった」と記した。「九つの弓」とは外敵を指す古代エジプトの表現である。

同じ王朝の最後の王ホレンヘブの記録には、王の即位を祝する神々の名を列記したくだりの冒頭にネクベトを挙げている。第十九王朝のセティ一世はカルナク神殿の有名な外征記録の中で「ネケンの白い女神ネクベトよ、王に生命と安定と満足を与えたまえ。ラアのごとくに」と書いている。ネケンというのはネケブに隣接する都市で、ネケンとネケブは一体のものとしてみなされていたのである。

同じ王朝のラムセス二世はネケブにネクベトのための神殿を建て、そこに次のような奉納文を残した。

「ラムセス二世は、母なるネクベトのために神殿を建て、女神のために、上質白色砂岩の、長さ一五キュビット〔約七・五メートル〕の一大塔門を築いた。その入口は杉で作られ、その上に銅を貼り、大いなる王の名を刻んだ」。

王冠飾りと棺の飾り

新王国時代に、エジプトハゲワシは大きな転機を迎えた。聖鳥の性格が多数の女神に及び、この面では一種の勢力拡大であったが、王冠が二つの伝統的な飾りについては一種の衰退を示したからである。

幾度も記しているように、王は上下二つのエジプトの王であり、王冠は上下エジプトの二女神すなわちネクベト（エジプトハゲワシ）とワジェト（蛇）によって飾られることがきまりであった。ところが、新王国時代に、王冠の図像に蛇だけがあらわれることがあり、第二十王朝のラムセス三世はそれを文字の上で、明確に記すに至った。メディネト・ハブの彼の神殿の記録に「ネクベトとワジェト、南の蛇の王冠と北の蛇の王冠は、王の頭に位置した」とあり、ネクベトはエジプトハゲワシとしてでなく、蛇として認識されているのである。

エジプトハゲワシのレリーフ　両足に太陽の円盤をつかんでいる（第18王朝）

エジプトハゲワシがまず図像で、ついで文章で、蛇に席を譲ったのはなぜであるか。それは十分に説明できない問題である。王冠についていえば、エジプトハゲワシが王冠飾りから消えることはまれであったし、王冠飾りが二頭の蛇で為されるということはなかった。

いささか往時の光を失った観のエジプトハゲワシであるが、棺の守護用の飾りでは重視された。翼を拡げたエジプトハゲワシは棺を包んで守護する図として重視されたのである。ツタンカーメンの遺品に、この図を見ることができる。

一方、エジプトハゲワシの姿が、ネクベトに限定されないで、多くの他の女神と神をもあらわすようになるという勢力膨張について見ると、新王国時代の祭司たちの考えかたは、エジプトハゲワシの力は、ただ一柱の女神に限定するのには余りに大きすぎ、余りに多面的であるということであった。こうして、エジプトハゲワシは、天の女神ヌウト、戦いの女神ネイト、オシリスの妻である女神イシス、イシスの妹である女神ネプティスと結びついた。女神だけではない。エジプトハゲワシは男性神としても表現された。

この聖鳥が図像や文章でワジェト（蛇女神）に席を譲ったように見えるのは、実はワジェトに変身したということであって、そのことは、こういう動きと関係があると論ずる人もいる。

王家あるいは貴族の神学はこのようなものであったが、民衆の信仰のほうは、これを全体として受けいれつつも、独自の神学を組みたてるのであった。こうしてエジプトハゲワシは出産の女神となった。エジプトハゲワシの立った姿（つまり翼を閉じてじっとしている姿）は、ヒエログリフではしばしば「母」を意味する文字として用いられてきたので、そのことからこの信仰が生れたのである。当然に、エジプトハゲワシの姿をした護符が女性に愛用された。

神格化されたエジプトハゲワシがミイラとして鄭重に葬られたことは確かであるが、この聖鳥のミイラは発見されていない。信仰中心地のネケブまたはネケンからも——。

これは次のように理解すればよいであろうと私は考える。

まず野生のエジプトハゲワシの場合。この鳥は人里はなれた場所に棲むことを好むので、その死骸が人眼につくことはまれであった。一方、死骸は他の食肉鳥獣の餌になることが多いので、たまたま人眼にふれることがあるとしても、そのときには原形をとどめない状態になっていた。したがって、埋葬される個体数はきわめて少なかった。

次に、神殿管理のエジプトハゲワシの場合。

ネケブまたはネケンの神殿に少くとも一羽のエジプトハゲワシが飼育されて、これが死ぬと聖鳥墓地に葬られた。これまた十数年に一羽という少ない数であった（そして、新しい聖鳥が捕えられて神殿に飼われた）。聖鳥墓地には類似の他の猛禽類も聖鳥扱いで葬られた。

そんなわけで、エジプトハゲワシのミイラの残る可能性はまことに少なかったのである。

その一つは上エジプトのコム・オンボにあり、他の一つは下エジプトのアキムにあった。

アキムの聖鳥墓地についてガイヤール・ダレシ報告はこう書いている。

「アキムの墓地は非常に多くの猛禽類のミイラをおさめていた。一般的に、個々の鳥がかなり粗略な包帯に包まれていた。これらのミイラは、個体ごとにケースにはいっている場合もあれば、かなりの数のものをまとめてケースにおさめてある場合もあれば、あるいは沢山の数のものが共同の穴に投げこまれているという場合もあった」。

聖鳥ミイラはもちろん柩におさめて埋葬された。柩は木製だけではなく、石造のものもあった。石棺の場合には、主として石炭岩が用いられた。また、鳥の頭部を、布や粘土でつくり、鳥のミイラにかぶせるということもあった（そのようなマスクはいくつも発見されている）。

エジプトハゲワシのミイラの紹介ができないので、ここでガイヤール・ダレシの報告の聖鳥の柩の部を別枠記述で示すことにする。

ガイヤール・ダレシ報告（聖鳥の柩）

①　猛禽類の柩　エジプトイチジクの木で製作。高さ五三センチ。アキム出土。鳥の形をした柩で、外形全体、まがった嘴、大きな眼がつくってある。頭は欠けているが、本来は、はめこむ形で付いていたはず。外部にはスタッコが施してあり、赤褐色に彩色してある。胸には羽毛が彫ってある。体軀の前部と肢には金泥が塗ってあり、その上を瀝青が覆っている。背中は外せるようになっていて、中には長さ四七センチ、幅一四センチの室がある。肢は台座（今は欠けてい

る）の上におかれていたはずである。末期王朝時代のもの。

②　猛禽類の柩　エジプトイチジクの木で製作。高さ三六センチ。アキム出土。①と同タイプの柩で、肢と背中は赤く、翼と頭は赤褐色に塗られていた。ただし、頭の頂上部は黒である。胸には羽毛が彫られ、嘴と眼のまわりには金泥が施してある。蓋となった背中は欠けている。内部の室は長さ三一センチ、幅七センチである。

③　猛禽類の柩　エジプトイチジクの木で製作。アキム出土。高さ三〇センチ、幅五八センチ、深さ一・二メートル。大形の箱。上部に軒蛇腹《のきじゃばら》がついている。箱をつくっている板は、二枚または六枚を楔で接合したものである。外面にスタッコが施してある。枠は黄色を帯びていて、内部には図案があり、上部の三本の線は黒に、下部中央の垂直線は赤く、それを囲む線は黒く、外側の二本の垂直線は黄色に塗られている。主要図像面の下地は白で、次のようなものが描いてある。

前面　黒ずんだ青、緑、赤、黒ずんだ青、その他の色を塗った軒蛇腹に、二匹のウラエウス（神聖蛇）を伴った有翼円盤が描いてある。円盤と翼の枠は赤く、羽毛は赤、緑、青の三色の帯をなして描いてある。広い面の上部には、赤い円盤を戴いた二組の緑色のウラエウスが記号を伴って配置されている。その下のほうに、軒蛇腹の図に似た有翼円盤が赤の下地の上に描かれている。この二つの図柄のさらに下のほうは、線と点の黄色い帯で区分されて、もう一度出ている。これらは中央の図を飾るものであって、中央には、小神殿の上にとまったハヤブサの上に置かれた壺の水を飲むホルスとトトが見える。ホルスの体は青く、トトの体は緑である。両者は黒い点を打った赤い胸をもっている。ハヤブサの頭の頂上部は緑である。翼の上部も緑で、翼の次の部分は赤で縁どった緑の帯となり、三番目の部分は黒線を走らせた黄色である。尾もまた黒線を走らせた黄色である。鳥のとまっている建物は赤、青、緑、黄色で塗りわけてある。この小神殿とトトとの間に祭壇があって、その下部に二匹の蛇がとぐろを巻き、脚をしばられた一匹のガゼルを支えている。ハヤブサの背の上にはウラエウスを伴った円盤があり、ウラエウスは一方の翼を水平にひろげ、他方の翼を垂直にひろげている。壺から出ている二本のジグザグ状の噴水のあいだの部分は明るい黄色で塗られている。この図柄の上に三個の赤い長方形が描いてある。

右側面　軒蛇腹の羽毛は黒、黄色、黒、赤、黒……といった順序で塗りわけてある。上から下の順に見てゆくと、図柄は次のとおりである。Ⓐ黒い中心をもつ白い星をちりばめた黒い帯。Ⓑ黄色と赤の記号が、小神殿の上に坐った犬と交互に出ている。小神殿の軒蛇腹は赤い。Ⓒ黄色い帯。そこにⒶで見たような一連の星がある。Ⓓ赤い記号と黄色い記号が交互に描かれていて、前者は黄色い台座に、後者は赤い台座に乗っている。Ⓔさきに見たⒸの帯に似たものが二本。絵の部分では、左膝をつけ、右膝を立て、左手をあげて右手を胸の前に左に伸ばした姿勢で王が冠をつけている。犬の頭をつけた三体の神々も同じ姿勢で、王のうしろにいる。王の皮膚は赤く、頸飾りは黄色である。三体の神々は黄色で、頸飾りと腕輪は赤い。王の上に二個のカルトゥシュ(王名用の楕円形)がある。名ははいっていない。銘文用のスペースは赤い長方形で用意されているが、銘文はない。

左側面　右側面と対称をなしてつくってある。王に随伴する三体の神は、ハヤブサの頭をつけている。

背面　前面と同じように軒蛇腹をつくってあるが、有翼の日輪はない。犬のならんだ帯状図と記号のならぶ帯状図がある。区分は黄色と青でなされていて、線も星もない。絵のほうは、空飛ぶハイタカをあらわし、円盤を頭にいただき、足の爪でものをつかんでいる。体軀、頭部、および翼の上部は黄色である。翼の他の部分は緑であり、大きい羽毛は黒と白である。二枚の翼の上方に二個の赤枠の部分があるものの、銘文ははいっていない。

蓋と底はなくなっている。前面と背面の下部に、それぞれ四個ずつの穴がつくってある。これは、鳥のミイラを一杯につめた柩を穴におろすさいに、紐を通すために用いたものである。

ハヤブサとトキ

エジプトハゲワシは医療上にも、ある役割を果した。眼瞼炎《がんけんえん》の場合、蜂蜜、鎮痛剤などで調合された薬品を、エジプトハゲワシの羽毛で注滴するのがよろしい、とされたのであった。その薬品は四日のあいだ連続注滴されるのである。一方、これまた眼の病いである翼状《よくじょう》片《へん》という病気の場合、その薬品の調製は、エジプトハゲワシの卵が中心となるのであった。すなわち、エジプトハゲワシの卵と方鉛鉱《ほうえんこう》をまぜて液状薬をつくり、それを「眼の背」（瞼のこと）に塗るのである。

エジプトハゲワシとならぶ重要な聖鳥であるハヤブサとトキについて一言しておきたい。ハヤブサは王冠飾りになることはなかったが、王の理想の姿とされるホルス神の化身であり、当然に王の守護神であり、彫像や王名のかたわらに用いられた。第一王朝の蛇王の王名枠の上にはハヤブサがとまって守護している。第四王朝のカフラ王（第二ピラミッドの主）の彫像は、背にハヤブサを伴っている。ハヤブサはその攻撃力と攻撃の正確さによって、王の力のシンボルとなり、「余はホルスである」というのは王のきまりことばであった。

トキはどういう鳥であるかといえば、日本のトキは朱鷺という文字が示すように羽毛は独特の朱色であり、そこからトキ色という名称も生れているのであるが、古代エジプトのトキは白い羽毛をもっていた。長い嘴で沼地で餌を探し、餌をくわえ出す動きは、不明の世界から知識をつかみ出す姿とみなされ、かくして、トキは知識の神トトの化身として崇拝された。その信仰中心地は中エジプトのヘルモポリス（今日のエル・アシュムネイン）にあった。エジプトハゲワシ、ハヤブサなどの猛禽類と同じように、トキもまたミイラとして葬られた。サッカラの聖獣墓地に、毎年、おびただしい数のトキが埋葬された。そして、数千年ののち、第二次大戦後、このサッカラの聖獣墓地から数万羽のトキのミイラが発見されている。

第八章　牛

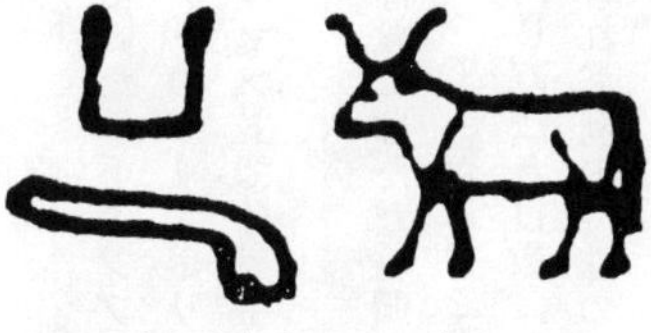

牛を表わすヒエログリフ

雄牛の神

牛は乳と肉によって、また農耕奉仕によって、古代エジプト人に最大の恵みを与えた動物である。これが聖獣として最高の扱いを受けるのは自然なことであった。雄牛と雌牛とでは信仰上の機能もちがっていた。

雄牛は、信仰する地域によって、その呼称も機能もちがっていた。下エジプトのメンフィスではアピスと呼ばれ、豊饒の神とみなされた。同じ下エジプトのヘリオポリスではムネヴィスと呼び、ラア神の生ける姿とみなした。上エジプトのアルマントでは、牛はバキスという名をもち、戦いの神モンツーの化身であるとされた。

この中で、最も重要なのはメンフィスのアピスであった。神殿にはただ一頭の牛が飼育された。アピスは他の牛とはちがった特徴をもっているのであって（特徴のことはあとで再説）、神殿飼育牛が死ぬと、これを人間のミイラを作るのと同じ方法と日数（七〇日）でミイラとして埋葬した。一方、次の聖獣さがしが全国ではじめられ、例の特殊の文様のついた牛がみつかるとアピスとしてメンフィスの神殿に迎えられた。

アピス信仰は古王国時代に芽生えていたが、確立したのは中王国時代になってからである。たびたび記したことだが、中王国時代はエジプト農業の大飛躍の時代であり、その時代における牛の類いない貢献がエジプト人を感動させたのである。

だから、信仰文書をみても、古王国時代のピラミッド・テキストにアピスについての言及はなく、中王国時代のコフィン・テキストに初めて、そして幾度も出てくるというわけである。

コフィン・テキストの第二一節には「御身の清浄さはナトロンと香とアピスの母の乳とビールの神のビールによって得られている」とあり、第三一節には「斑《まだら》の牛の小屋でアピスの生れるのを御身が見るようにする」と記してある。斑の牛というのは、特別の模様をもつ牛アピスをさすのであって、アピスの全体の特徴はヘロドトスの記述によれば「それは黒牛であるが、眉間《みけん》に四角の白い斑点があり、背には鷲《わし》の形をした模様が浮き出て、尾は毛が二重に生え、舌の裏に甲虫のような形をしたものがついている」のであった。

牛の姿をしたメンフィスの神アピス

だから、アピス神殿でアピスが死ぬと、必要な特徴をすべてそなえた次のアピスを探すために全国に調査隊がくりだされ、それこそ鉦《かね》や太鼓で探しまわるのであった。

そのアピスはどういう母から生れるのかというと、エジプト人の信仰はこうであった。天上からある牝牛に光りがおり、光りのために牝牛が受胎し、アピスを生むというのである。そして、その牝牛は一度出産したのちは二度と出産できないというのである。したがって、アピスは天と結びつくのであり、造形的に、角のあいだに太陽の円盤をつけるという姿を生むのであった。

コフィン・テキスト第二〇四節には「私はアピスであって、天にあり、長い角と美しい名と遠くを見る眼と遠くまでゆく足をもっている」とあり、第一一三九節には「闇よ去れ、光りよ来れ。動きは私のものである。おおアピスよ、私はこの清浄の地へ来た」と書いてある。

農業大飛躍の中王国時代には、また農耕図や農耕模型が多く造られていて、とくに牛耕模型は有名であり、牛の大きな役割がこういう面にも示されている。

牛を使う農夫の図

新王国時代に、アピス信仰は、『聖牛の書』という宗教文書を生み、豪華な埋葬という形で膨張する。そして、サッカラの大地下宮殿、セラペイオン（聖牛墳墓）が築造されることになる。

その異例の規模や構造を、発掘者とともに見るのが、ここでは適切であろう。なぜなら、その発見と発掘のストーリーが、これまた異例のことに属するから。

話は一八五〇年のことである。ルーヴル博物館の若い職員A・マリエットはキリスト教修道院に残っている古文書を購入するという任務をもってエジプトへ来た。しかし、修道院がわはマリエットの願いをきかなかった。拒絶、また拒絶の連続。彼は挫折感をまぎらすためにカイロのシタデル（高台の城跡）に上って四方を眺め、サッカラの風景に惹かれた。

早速サッカラで試掘にかかったところ、半ば砂に埋まっていた石灰岩製スフィンクスを発見した。業者から流れて都市の好事家に出まわっているスフィンクスと同タイプであり、出まわっているスフィンクスの出所はサッカラのこの地点であるとマリエットは判断した。そして、古代のローマの著述家ストラボンが、スフィンクスのつづく道のゆきつく先に大神殿があると記してあるのを思いだした。彼はルーヴル博物館から預かって来ている古文書購入用資金を投じて発掘をはじめた。スフィンクスが次々とあらわれ、その道の先に、第三十王朝のネクタネボス王の神殿につき当った。官憲とのいざこざ、これに伴う数ヵ月の作業停止、発掘品の没収などというできごとがあって、一八五一年の夏に、許可を受けたマリエットが発掘すると、おどろくべきものが次々とあらわれた。

まず、地下大通廊。その両脇には、ある間隔を置いて多くの埋葬室がつくられ、埋葬室の天井はドーム型になっていた。埋葬室には蓋つきの巨大な石棺がおさまっていた。数えてみると、埋葬室は二四に達し、花崗岩または玄武岩で造った二〇の石棺が原位置にあった。最も重たいものは七〇トンもあった。牛のミイラは失われていた。大通廊は二〇〇メートルの長さに及ぶものであった。さらに、大通廊のわきには、人間用の埋葬室も一つあった。そこに、彼は第十九王朝ラムセス二世の王子カエムウエセの銘文のついた棺を発見した。王子のミイラはなかったが、王子は、アピス信仰の心をあの世で実証するため、アピスの墓地におのれを埋葬させたのであった。

一方、セラペイオンは新王国時代からプトレマイオス朝時代まで、一〇〇〇年以上にわたって用いられ、築造された、ということもまた明らかとなった。一〇〇〇年以上つづく築造。そこに、われわれはアピス信仰（プトレマイオス朝時代にはセラピス信仰に変形）の大きさを見るのである。

セラペイオン関係の発掘調査は、マリエットのあともつづけられ、二〇世紀にはいっては、一九四一年に聖牛をミイラとするアラバスター製の作業台が、一九七〇年には「アピスの母」（天の光りによってアピスを生む母）の埋葬所が発見された。

古代エジプトの雄牛アピスは、このように崇拝され、このように埋葬されたのであった。

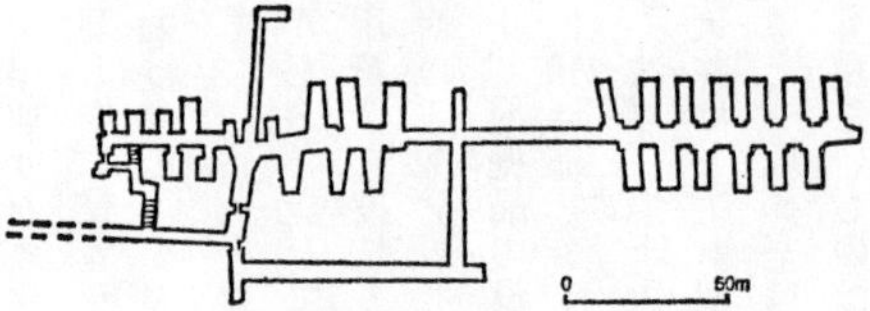

セラペイオン見取図

雌牛の神

雌牛のほうはどうかといえば、これは女神ハトホルの化身とされた。ハトホルはさまざまの役割をもっていて、王の乳母、オシリスとイシスの母、死者の山の守護者という性格のほか、プントの女神、ビブロスの女神という呼称もあった（プントは香料の国で、東アフリカのソマリアにあった国、ビブロスはレバノンの都市）。第十八王朝のハトシェプスト女王のデイル・エル・バハリ神殿に見られる、砂岩製の大形彩色雌牛は、「死者の山の守護者」をあらわしている。雌牛を殺すことは罪となった。

神殿へ捧げる犠牲として用いられるのは雄牛であった。殺されて犠牲として用いられた雄牛は、儀式がおわったのち、宴会の食べものとなった。

一般の牛が死んだときはどうするかというと、雌牛は河に流し、雄牛は村々の穴の中に埋めて角だけ出しておく。死体がくさるころ、角と骨を集める船がまわって来る。そしてデルタ地帯の一つの町にまとめて埋葬するのであった。

アピスについて興味ふかい話を、ヘロドトスは記している。エジプトを征服したペルシアのカンビセス王（在位＝前五二五―前五二二）に関する話である。

王はエジプト人のアピス信仰を嘲り、アピスの出現について述べたエジプトの役人を嘘つきといって死刑にし、アピスそのものも退治してやるといって神域から引き出させた。そして、短剣でアピスの腹を狙ったが誤って股を切った。アピスの血がほとばしった。カンビセスはいった。

「不埒な奴ばらめ、体内に血も流れ、肉も具え、また刃物で切られて応《こた》えるようなものが神であるというのか。エジプト人どもには、このような神がふさわしかろう」。そしてアピスを受けもつエジプトの役人とアピス神殿の祭司を鞭打の刑にし、アピス祭を祝っているエジプト人を容赦なく殺せと命じた。

切られたアピスは、この傷がもとで、やがて神殿内で死んだ。エジプト人はペルシア人の眼を盗んで、それを鄭重に葬った。

ヘロドトスはこの話のしめくくりとしてこう書いている。「エジプト人のいうところでは、この悪業の祟《たた》りでカンビュセスはその後すぐに発狂したという」。

第九章　驢馬、馬、駱駝

驢馬を表わすヒエログリフ

られなかった、という動物も少くない。その代表は驢馬と馬と駱駝《らくだ》である。いずれも輸送上の大役を果し、とくに馬は戦争において抜群の功績があった。それなのに何故に神格化されなかったのであろうか。

砂漠と不毛の神

古代エジプトで有益な役割を果したのに神格化されなかった、したがってミイラとして葬

古代エジプトにおける驢馬の歴史は古い。驢馬は先王朝時代に家畜化され、農家の輸送獣として使われていた。記録に見る最古の例は、第六王朝のペピ二世王に奉仕した高官セブニの墓室銘文である。彼は、ヌビアに遠征した父が死んだことを知ると、現地で父の遺骸をミイラとするために、そして、それを故郷につれかえるために、必要資材を積んでヌビアに向うのだが、そのとき「百頭の驢馬」が輸送獣となったのであった。ヌビアの砂漠をゆく驢馬の効用がそこに示されている。

しかし、驢馬はつねに邪険に扱われた。第一に、命令に対して従順でない、その頑固さのせいであった。第二に、信仰上、邪神セトと同一化されたからであった。この考えかたは中王国時代におこり、そのあと、ラムセス王家の時代（この時代はセトは善神として信仰された）を除いて、つねに生きつづけたのであった。

中王国時代にオシリス信仰がさかんになったことはすでに述べたことであるが、そのオシ

リスを殺害した邪神セトと驢馬が結びついたのは、なぜかといえば――。

邪神セトは、生産の神オシリスとは反対に、不毛と砂漠の神とみなされた。一方、駱駝が活用されるまでは、驢馬は砂漠を歩きつづけることのできる唯一の輸送獣であった。こうして、砂漠を媒介として、驢馬はセトの化身とみなされるに至ったのである。

こうして、オシリスのためばかりでなく、悪霊退散を祈願する行事のさいに、驢馬は生きたまま首をはねられ、犠牲として捧げられるのであった（奇妙なことに、現代のエジプトにおいても、驢馬は農村で有効な奉仕者であるにもかかわらず、古代のような蔑視を受けている。信仰上の犠牲ということはもちろんないが）。

外国使臣の献上品を運ぶ驢馬
(第12王朝)

驢馬は農業生活のレリーフに描かれたが、宗教文書にあらわれることはなかった。ただ一ヵ所、新王国時代の『死者の書』にあらわれているだけである。そこには、「死者は蛇に咬まれた驢馬を救わねばならぬ」と記してある。虐待された驢馬に示した、古代エジプト人のせめてもの憐れみということであろうか。

古代エジプト末期のペルシア人統治時代に、エジプト人は呪わしい支配者ペルシア人を驢馬という諢名《あだな》で呼んだ。これはペルシア人にとっては我慢できないことであった。そこで、アルタクセルクセス三世（在位＝前三四三—前三三八）は、エジプト人の聖獣アピスを血祭りにあげて食事の材料とし、驢馬を聖獣飼育所にいれ、驢馬こそ聖獣であると宣言したのであった。

ここで私は、一八世紀末のナポレオンのエジプト遠征隊のことを連想する。この遠征隊は約一六〇人の学術調査団を含んでいたことで、人類の戦争史上稀有のものとされているのであるが、軍人と調査団との関係は常に友好的であったわけではない。軍人にとっては調査団は足手まといの邪魔者であった。そこで軍人は、調査団に対する蔑視の念を驢馬に比べて表現するのであった。そして、指揮官はしばしばこう命令するのであった。「驢馬と学者は中央に、軍人は両脇に位置せよ」。古代エジプト人のペルシア人に対する諢名は、このナポレオン軍の指揮官のはるかな先駆なのであった。

夷狄のもたらしたもの

驢馬に比べると、馬の出現はエジプトではずっと遅れている。新王国時代になって、馬は軍用として颯爽と登場するのである。ただし、馬はエジプト人が家畜化した動物ではなく、外敵がもたらしたのである。

その外敵の名はヒクソス。エジプトは中王国時代の安定ののち、第二中間期と呼ばれる混乱期（第十三〜十七王朝）にはいるのであるが、その時代に約二〇〇年にわたってエジプトを支配し、第十五、十六王朝を形成したのがヒクソスである。ヒクソスはセム族の中のアムル人であったようである。彼らはパレスチナからエジプトにはいり、エジプトを征服し、都をデルタ地帯のアヴァリス（今日のタニス）に開いた。エジプトが異民族に支配されるのはこれが初めてのことであった。

ヒクソスはエジプトを容易に征服した。それは、彼らが馬と戦車と鉄の武器をそなえているからであった。「戦いの三種の神器」ともいえるこの三つのものを、それまでエジプト人は知らないのであった。

もっとも、ヒクソスの統治力はエジプト全土を直接統治するほど強大ではなかった。下エジプトはヒクソスの直接統治であったが、上エジプトについては一種の自治を認める統治であった。上エジプトの豪族たちは、一定率の税や貢ぎ物をヒクソスに納めることによって一種の自治を得ているのであった。やがて、テーベ地区に勢力を張る一族が第十七王朝を興した。その第十四代の王セクエンエンラは、ついに反ヒクソスの軍事行動を起すことに決定し、その準備を進めた。時のヒクソス王はアポピ三世であった。

ある日、アポピ三世からセクエンエンラ王のもとに使者が来た。「アポピ王は次のことを貴下に伝える。都の東にいる河馬を遠くへ持ち去ってほしい。なぜなら河馬は夜も昼も余を眠らせないから。そのざわめきは王の町まで届くから」。これが使者のことばであった。ヒクソスの都の「東にいる河馬」という表現を用いているが、これは明らかにテーベの開戦準備に対する警告なのであった。そういう動きをやめなければ大事に至るぞ、と脅かしているのであった。

セクエンエンラは「そのようにいたす、と王に伝えてほしい」といってヒクソスの使者を帰したが、開戦準備は着々と進めた。そして、ついに自ら指揮官となって下エジプトに軍を進めた。戦いはエジプト人がわに不利であった。エジプト人はヒクソスのもつ武器・装備をもたなかった。セクエンエンラは壮烈な戦死をとげた。彼のミイラは現代の考古学者によってテーベで発見されたが、六ヵ所に負傷をしていた。

彼の子カメスが王位に即き、反ヒクソスの戦いをつづけた。彼の軍は中エジプトのヘルモポリス付近まで進み、ヒクソスに臣従しているエジプト人豪族を破った。ヒクソスの馬はそこに配置されていた。カメス王は初めて馬というものをそこで見たのであった。彼の記録は次のように述べている。「夜が明けると、余は隼《はやぶさ》のように彼を襲った。余の兵士は獅子のごとくであった。ネフルシの地方は陥落したも同然であった。……ペルシャクの地方に達したとき、彼らの姿は見えなかった。彼らの馬は見捨てられていた」。

これはエジプトの記録における馬の初出である。馬をあらわす単語はエジプト語にはなかったから、エジプト人は外国語を借用するほかはなかった。こうして、セム語起源の「スシム」という単語で馬をあらわし、これがエジプト語となった。戦車についても事情は同様であり、同じくセム語起源の「マルカボ」という単語をエジプト語に導入したのであった。

次の王アフメスが戦いに結末をつけることになった。彼はついに、ヒクソスの都アヴァリスを落し、ヒクソスをパレスチナに敗走させ、パレスチナのシャルヘンに立てこもるヒクソスを三年がかりで打ち破った。この王によってエジプト人のエジプトの時代が再びはじまった。エジプト史では彼をもって第十八王朝の始祖とする。

ヒクソスを撃退する戦いのさい、アフメスは伝統的なエジプトの武器（弓、矢、槍、投槍その他）だけで間に合わせたわけではない。彼は、各地で敗走するヒクソス軍（およびヒクソスに臣従する下エジプト人の軍）から馬と戦車と鉄の武器を奪い、これを新たな武器として攻撃力を強めたのであった。

戦場の主役

ヒクソスを駆逐したあと、エジプト人が得た教訓は次のようなものであった。第一に、自然条件を頼みとして守勢の防衛をつづけることは許されない、ということであった。すなわち、エジプト人は、攻撃は最大の防禦なりの原理をはじめて理解したのであった。第二に、その防衛政策を推進するのには、馬と戦車と鉄の武器を用いなければならない、ということであった。こうして、新王国時代の軍事国家が生れた。

馬は大規模にシリア、パレスチナから輸入され、同時にエジプト国内で盛んに飼育され、著しいスピードで殖えていった。馬を扱う役所として、王室馬匹庁と国家馬匹庁が生れ、そ

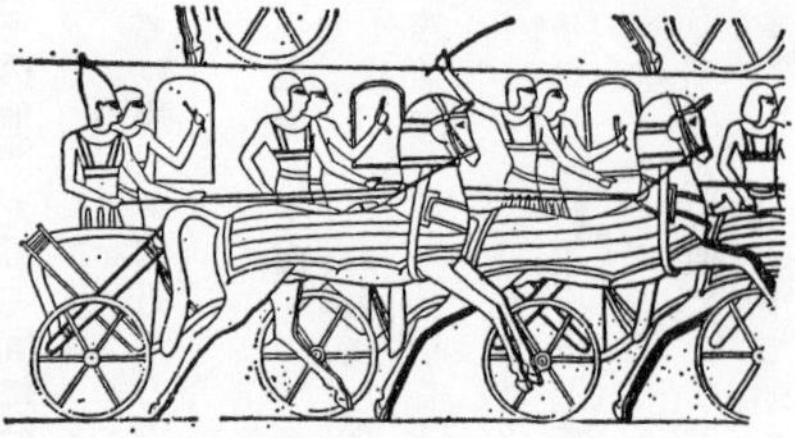
ヒッタイト軍と戦うラムセス２世のエジプト軍（レリーフの模写）

の長官は大きな発言権をもった。馬が国家内の勢力関係の要の存在となった、といってもよかった。

王室馬匹庁長官として最も有名なのはアイであって、彼は第十八王朝のアケナトンの妃ネフェルティティの父であった。アケナトン時代にそのポストにあった彼は、アケナトンの治世がおわってツタンカーメンの時代になると王室を動かす陰の実力者となり、ツタンカーメン歿後は、自ら王位に即くのである。

馬の主たる用途は軍事用であって、おおむね二頭だてで曳かせる戦車は戦場の主役であった（戦車には二人の兵が乗り、一人は御者として、一人は射手として役割分担をした）。その活動の姿は、王の記録だけでなく、貴族や軍人の記録に描かれた。ここで「記録」というのは、文字記録だけでなく、神殿、記念碑、墓室の画やレリーフの芸術表現も含むのであって、ここで描かれる馬の姿はまさに颯爽たるものであった。芸術家は躍動する馬を描くことに情熱を傾けた。こうして、馬は、新王国時代の芸術に革命的な活気を与えた。

第十八王朝のツタンカーメン王の多くの遺品に馬が見られ、第十九王朝のラムセス二世の建造物のレリーフと絵画は、とくに勇壮な馬を示している。ルクソールで、カルナクで、アブシンベルで、われわれはそれらの馬を今も見ることができる。

美しい仕上りは王の記念物に限られるわけではない。絵画として最も美しい馬の絵は、タンウニという役人の墓の壁画である、という説もある。その代表はベルギーのエジプト学者A・メキタリアンである。タンウニは第十八王朝のトトメス四世に奉仕した軍書記。メキタリアンの表現をかりれば「赤味がかった褐色を下部に塗ってあるこのピンク色の馬は、確実に、エジプト芸術の最高傑作であり、これに並ぶものは一〇〇〇年あとのパルテノンのフリーズの馬である」。

馬はエジプトの支配地を前例のない広さに達せしめた。戦争王と呼ばれ、あるいは「古代エジプトのナポレオン」と形容される第十八王朝のトトメス三世の時代に、エジプトの支配は南はヌビアの第四急流地帯に、東はユーフラテス河畔にまで及んだ。

馬の蹄の音を今もひびかせるような記録の一つは、『出エジプト記』の描写である。イスラエル人がエジプトを去ろうとしたとき、これをとどめおこうとして、追撃に移った王（たぶん第十九王朝メルエンプタハ）が、戦車部隊をもってイスラエル人を追う、あのくだりである。

「それでパロは戦車を整え、みずからその民を率《ひき》い、また、えり抜きの戦車六百と、エジプトのすべての戦車およびすべての指揮者たちを率いた」。

さきにも記したように、戦車は二頭だてが普通であったのだから、えり抜きの戦車の場合は一二〇〇頭の馬が走った。そのほかに「すべての戦車」とある。それは少くとも数千という数を思わせる。かりに、二〇〇〇台とみると、四〇〇〇頭の馬が走ったことになる。もっとも、この『出エジプト記』の場合、戦車隊は水に溺れたことになっている。全部が溺れたということはもちろんあり得ないのであって、イスラエル人を捕捉して連れもどすことが不可能と分ったとき、王は帰還命令を出したはずである。

新王国時代をすぎて、第二十一王朝時代になると、ソロモン王の統治するイスラエルとエジプトは友好国になっている。そして、そのころのエジプトは、近隣に名声をもつ馬の国となっている。だからソロモン王は多数の馬を、エジプトから買いいれた。それはソロモンの富をエジプトにもたらす一つの契機となった（旧約聖書の『列王記』がそれを述べている）。

馬は軍事用の動物であっただけではなく、スポーツ、狩猟にも活動した。ツタンカーメン王の副葬品に、それを描いたものが少くない。ただし、古代エジプト人は、馬の背に乗るということはあまりなかった。だから、われわれの知っている乗馬というスポーツは古代エジプトにはなかった。馬を走らせることは戦車と一体化して考えられていて、スポーツでも狩猟でも戦車に乗って行動するのであった。

王や貴族は、もちろん特定の愛馬をもっていて、それに美しい、あるいは勇ましい名前がつけられた。第十九王朝の王セティ一世はとりわけ愛馬に気を配った。彼の複数の愛馬は、それぞれ、「アメンは力を与える」、「アメンは勝利を彼に委ねる」、「アナト〔戦いの神〕は満足する」という名をもっていた。同じ王朝のラムセス二世、あのラムセス大王の馬の場合も、カデシュの戦いで活動した愛馬の名が分っている。それは、「勝利はテーベにある」、および「ムート〔戦いの神〕は満足する」というのであった。

馬は、このようにエジプトで颯爽たる活動をしたのであった。しかし、神になることはついになかった。なぜであろうか。古代エジプト人自身は、神となる機能を欠く馬の欠点なるものを、明記したことはなかった。また、そのことを考察したエジプト学者もいない。そこで私が考えていることを、ここで示そうと思う。それは次のようなものである。

第一に、馬は夷狄《いてき》のもたらしたものというイメージを、エジプト人は払いきることができなかった。第二に、新王国時代に、アメン神を最高神として神々の体系は堅固に構築されていて、遅くあらわれた馬が、新たに神格化された動物となってはいる余地はなかった。第三に、馬が神格化されるとしたら、戦いの神としての地位であっただろう。馬の特別の輝きは戦場において発揮されたのだから。しかし、そうならない事情があった。

戦いにおける馬の効用について、プルタークの『オシリスとイシス』に出ている記述は興味ふかい。ここでは、ライオンと馬との比較がなされているからである（紀元後一世紀のプルタークのこの著述は、聞きがきによって、古代エジプト人の神話伝承をまとめたものである）。

オシリスは再びホルスに問うていった。「戦いに赴く者にとって最も有益な動物は何であるか」と。ホルスは答えていった。「それは馬であります」と。オシリスはおどろいて、いった。

「なぜ馬よりもライオンの名のほうを挙げなかったのか」と。ホルスは答えていった。「ライオンは助けを必要とする者にとって役に立ちます。しかし、馬は敵を敗走させ、敵の力を完全に破壊します」と。オシリスはこれを聞いて喜んだ。ホルスは戦いに十分に備えていることを知ったからである。

馬は、このような次第で、戦いの神になっても不思議はなかった。しかし、神にならなかった。戦いの神の体系はアメン神を頂点として、幾つもの神によって構成されていて、それらの神々のおかげでエジプトは勝利を得たのであった。新たに戦いの神を加えることは、既存の神々を侮辱することになる。そんなことはできないのであった。

馬が、その功績にもかかわらず神にならなかった理由を、私はこのように考えるのである。

以上はエジプト本国についての事情であるが、エジプトの南の支配地ヌビアの場合は馬の地位は少しくちがっていた。つまり、馬の地位は高かった。

ヌビアに馬が初めてあらわれたのはヒクソスの時代である。下エジプトに都するヒクソスは、南のヌビア人の国クシュと同盟して、テーベのエジプト人王朝（第十七王朝）を倒す計画を進めたことがある。そのとき、ヒクソスはヌビア人に馬と戦車を送った（当時の、つまり前一六〇〇年ごろの馬の骨がヌビアで発見されている）。

このテーベ打倒計画は挫折したのだが、ヌビア人のエジプト支配への野心がこのとき生れた。約八〇〇年たって、ヌビア人が自らの国家を堅固にしたとき、この野心は行動に移された。ヌビアの王ピアンキはエジプトを征服し、第二十五王朝を建てた。作戦のさい、馬はもちろん大きな役割を果した。ピアンキはそれを忘れなかった。彼は、エジプトの王家の谷にではなしに、ヌビアのエル・クルルに王墓を築いたさい、そのかたわらに、八基の墓をつくり、一基に一頭ずつの馬を埋葬した。馬は南向きに、布で包まれ、銀の装身具や護符をそろえて、立ち姿で埋葬された。

ピアンキがいかに馬を愛したかは、これで分るが、ヌビアのジェベル・バルカルで発見されたピアンキ碑板の文章も紹介に値する。この碑板で、王はエジプト征服の事情を語っているのだが、中エジプトのヘルモポリス攻略のくだりに馬の話が出てくるのである。それは、ナムロト（ヘルモポリスの統治者）が降伏して都市と富をすべてピアンキに渡したさい、ピアンキがナムロトの厩舎に向うときの記述である。

陛下は厩舎に向われた。陛下は、厩舎の馬が飢えていることを知ったとき、こういわれた。

「ラアが余を愛するように、余は誓っていう。馬が飢えに苦しんでいるということほど、いかなる災悪にもまさって余の心を悲しませるものはない」。

ヘルモポリスは数ヵ月前からピアンキの軍に包囲されていて、城内の食糧が欠乏し、降伏したとき馬も飢えていたのである。

次の王シャバカも父にならい、同じ地点の自らの墓のわきに、こんどは一六基の墓を造り、一基に一頭ずつの馬を葬った。その姿勢も方向も、ピアンキの馬の場合と同じであった。

右の二四の馬の墓は、二〇世紀にヌビアで考古学者の手で発見された。これらの馬は王直属の戦車の馬であったとみなされている。馬が、このようにヌビアで神とはならなかったものの、正当な鄭重さで埋葬されたということを知るとき、いささかわれわれの心はなごむのである。

奉仕のみの動物

エジプトの駱駝は一コブ駱駝である（シルクロードに見る駱駝は二コブである）。エジプトの駱駝の歴史は、驢馬と馬に比べると、かなり謎が多い。一方には、その家畜化を古王国時代にまで持ってゆく新しい説があり、他方にはペルシア人統治の時代を始点とする古くからの説がある。

前者をとれば、前二五〇〇年ごろまでさかのぼる。それを受けいれるとピラミッド建造にも駱駝が一役買ったという可能性が生ずる。最近は、この古王国説が徐々に力をもちだしているようにみえる。その代表はアメリカのエジプト学者、マイケル・リピンスキー氏で、一九七五年以降、その説を展開している。氏は最近も同じ立場の新しい論文をアメリカの考古学雑誌『考古学』（一九八三年五、六月号）に発表している。

この説の考古学上の証拠として挙げられるものをいくつか示すと――。①先王朝時代のヌビアの遺跡バッラナから、駱駝の骨が人骨と同じ場所に葬られている状態で発見された。②上エジプトの先王朝時代の遺跡アブシール・エル・メレクから素焼きの駱駝模像が発見された。③上エジプトのアスワンで、第六王朝期のものとみられる岩壁画（文字を伴っている）が発見された。

このアスワンの岩壁画は、とくに興味ふかいものであって、一人の男が駱駝の首にロープをかけて曳いているのである。

一方、旧約聖書の『出エジプト記』はエジプトの駱駝に言及している。すなわち、エジプトを去り、イスラエルびとの神を拝みたいというイスラエルびとの願いをエジプト王が拒む

第６王朝時代のものとされるアスワンの岩壁画と記号

ので、指導者モーセが苦悩しているとき、神があらわれて、エジプト王に次のようにいえと告げるのである。

「……あなたがもし彼らを去らせることを拒んで、なお彼らを留めおくならば、主の手は最も激しい疫病をもって、野にいるあなたの家畜、すなわち馬、ろば、らくだ、牛、羊の上に臨むであろう。……」

『出エジプト記』の時代は第十九王朝のラムセス二世とメルエンプタハの時代であるとするのが通説であって、これを年代に直すと紀元前一四世紀から一三世紀にかけてである。その時代のエジプトに、駱駝がいたと、右の記述は語っているのである。

リピンスキー氏によれば、南アラビアで家畜化された駱駝は、イェーメンから狭い海峡「バブ・エル・マンデブ」を経てソマリアに渡り、そこからヌビアへ、ついでエジプトに、非常に古い時代に入った、という。

しかし、文字記録という点からみると、驢馬が第六王朝期に、馬が第十八王朝期にあらわれているのに対して、駱駝についての言及は、エジプトがわ古代史料にはない。

エジプトの駱駝の実用をペルシア時代からとする説は、古くからのもので、今も正統派のエジプト学者はこの説をとっている。ペルシア人が前六世紀にエジプトを征服したとき、その輸送手段は駱駝であり、エジプト人はそのときはじめて駱駝を見た、とこの説は考える。

この説の根拠はヘロドトスの記述であって、カンビセスのエジプト侵略のくだりに、彼は次のように書いているのである。

「さてカンビュセスからの使いの者に結盟の誓いをしたアラビアの王がどのような策をこらしたかというと、駱駝の革製の袋に水を満たし、これをあるだけの生きた駱駝の背に積み、これを曳いて砂漠地帯に出向き、ここでカンビュセスの軍隊の到来を待ち受けたのである」。私としては今のところ、短期説に立つが、長期説をとれば二五〇〇年のあいだ、短期説をとれば五〇〇年のあいだ、駱駝は古代エジプトにおいて、旅行・商用・輸送・軍用、さらに乳と皮と肉の用途という面で、大きな役割を果した。

しかし、駱駝はついに神とはならず、ミイラとして葬られることもなかった。驢馬は少くとも墓室画に描かれたし、馬は華麗な戦争レリーフの主役となった。しかし、駱駝はそのような恩恵に浴することもなかった。駱駝は、気の毒な、奉仕のみの動物なのであった。

なぜであろうか。長期説をとるなら、駱駝は驢馬と同じように砂漠を媒介として邪神セトの分身とみなされたと考えることができる。短期説をとるなら、来るのが遅すぎたので（馬よりも一〇〇〇年も遅い）、神となる席はもう残っていなかった、ということである。

古代エジプト略年表

（An Introduction to Ancient Egypt, revised edition, by T. G. H. James, 1979 を参照して作成しました。王名は主要なものを挙げました。年号の重複は王朝の併存を意味します。）

時代区分	王朝区分	王名
初期王朝時代	第一王朝（BC三一〇〇—二八九〇）	ナルメル（メネス）、アハ、ジェル、ワジェト、セメルケト。
	第二王朝（BC二八九〇—二六八六）	ラネブ、ペリブセン、カセケム（カセケムイ）。
古王国時代	第三王朝（BC二六八六—二六一三）	サナクト、ジョセル、セケムケト、カベ、フニ。
	第四王朝（BC二六一三—二四九四）	スネフル、クフ、ダドフラ、カフラ、メンカウラ、シェプセスカフ。

第五王朝（BC二四九四—二三四五）　ウセルカフ、サフラ、カカイ、ウナス。

第六王朝（BC二三四五—二一八一）　テチ、ウセルカラ、ペピ一世、メルエンラ、ペピ二世。

第一中間期

第七王朝（BC二一八一—二一七三）
第八王朝（BC二一七三—二一六〇）
第九王朝（BC二一六〇—二一四〇）
第十王朝（BC二一四〇—二一三三）

中王国時代

第十一王朝（BC二一三三—一九九一）　アンテフ一世、同二世、同三世、メンツーホテプ一世、同二世、同三世、同四世。

第十二王朝（BC一九九一—一七八六）　アメンエムハト一世、センウスレト一世、アメンエムハト二世、センウスレト二世、同三世、アメンエムハト三世、同四世、ソベクネフェル。

第二中間期

第十三王朝（BC一七八六—一六三三）
第十四王朝（BC一七八六—一六三三）
第十五王朝＝ヒクソス（BC一六七四—一五六七）
第十六王朝＝ヒクソス（BC一六七四—一五六七）

新王国時代

第十七王朝（BC一六五〇―一五六七）　セクエンエンラ、カメス。

第十八王朝（BC一五六七―一三二〇）　アフメス一世、アメンホテプ一世、トトメス一世、同二世、ハトシェプスト、トトメス三世、アメンホテプ二世、トトメス四世、アメンホテプ三世、アメンホテプ四世（アケナトン）、スメンクカラ、ツタンカーメン、アイ、ホレンヘブ。

第十九王朝（BC一三二〇―一二〇〇）　ラムセス一世、セティ一世、ラムセス二世、メルエンプタハ、アメンメス、セティ二世。

第二十王朝（BC一二〇〇―一〇八五）　ラムセス三世、同四世、同五世、同六世、同七世、同八世、同九世、同十世、同十一世。

第二十一王朝（BC一〇八五―九四五）　プスセンネス一世、同二世、ピヌジェム一世、同二世。

第二十二王朝＝リビア人（BC九四五―七一五）　シェションク一世、オソルコン一世。

第二十三王朝＝リビア人（BC八一八―七一五）　オソルコン三世。

第二十四王朝（BC七二七―七一五）　テフナクト、ボカリス。

第二十五王朝＝ヌビア人（BC七四七―六五六）　ピアンキ、シャバカ、タハルカ。

末期王朝時代

第二十六王朝（BC六六四―五二五）　プサメチコス一世、ネコ二世、アマシス。

第二十七王朝＝ペルシア人（BC五二五―四〇四）　カンビセス、ダレイオス、クセルクセス、アルタクセルクセス一世、ダレイオス二世、アルタクセルクセス二世。

第二十八王朝（BC四〇四―三九九）　アミルタエウス。

第二十九王朝（BC三九九―三八〇）　アコリス。

第三十王朝（BC三八〇―三四三）　ネクタネボス一世、同二世。

第二次ペルシア人統治時代（BC三四三―三三二）　アルタクセルクセス三世、ダレイオス三世。

グレコロマン時代

マケドニア人統治時代（BC三三二―三〇五）　アレクサンドロス、アルヒニウス、アレクサンドロス四世。

プトレマイオス王朝（BC三〇五―三〇）　プトレマイオス一世、同二世、同三世、同四世、同五世、同六世、同七世、同八世、同九世、同十世、同十一世、同十二世、クレオパトラ七世。

ローマ人統治時代（BC三〇―AD三九五）　アウグストゥス、ネロ、ハドリアヌス、ディオクレティアヌス。

解説

河合　望

本書は、一九八四年に文藝春秋社から出版された酒井傳六著『古代エジプト動物記』の復刻版である。酒井傳六氏は、東京外国語学校（現在の東京外国語大学の前身校）仏語部を卒業し、一九五五年から一九五七年にかけて朝日新聞の特派員としてエジプトに滞在された。酒井氏はエジプト滞在期間中に古代エジプトに深く関心を持つようになり、古代エジプトに関する多数の著書、翻訳書を刊行された。私自身も子供の頃から酒井氏の著書や翻訳書を読ませていただき、古代エジプトへの興味を深めることができた。まさか酒井氏の著作の解説をするなどとは思ってもいなかったので、感無量である。

酒井氏の多くの作品の中でも、本書は古代エジプト文明において極めて大きな役割を持っていた動物について、文字史料、考古資料、美術資料から得られるさまざまな情報を包括的に扱った力作である。動物を通じて古代エジプトの神々の信仰、有名な文学作品、重要な遺跡、医療など多様な文化を学ぶことができる工夫が施されている。また所々に雑談も挿入されており、楽しく読める作品となっている。現在でも本書のように古代エジプトの動物を扱った類書はなく、復刻版の出版の意義は大きい。しかしながら、過去四〇年の間にエジプト学の研究は進展しており、本書の情報に追加、修正すべき点があるのは否めない。これらは本書の価値を損なうものではないが、読者に最新の情報を補足して本書を解説したい。

まず本書の全体については、固有名詞の表記が現在の日本語の古代エジプト関係のそれとは若干異なる。これは欧米語の読み方をカタカナで記したことによる。また、古代エジプトの役人の称号についても欧米の研究者による古代エジプト語の翻訳に問題があるために「公爵」といった不自然な表現がある。当時の考古学的発掘調査は、神殿や墓が中心で集落や王宮の調査が不十分であったことから、「国王といえども、粗末な日干煉瓦づくりの宮殿に住んでいたのである」（三〇頁）とあるが、現在では、アマルナ王宮だけでなく各地の王宮址が調査されているため、王宮は重厚な壁で作られ彩色が施された豪奢なものであったことがわかっている。その他にもいくつか古い解釈が記述されているが、本書の内容に大きな影響を与えるものではない。

それでは各章について見ていくことにしよう。

第一章のテーマは猫である。古代エジプト人が野生猫を家畜にしたのは中王国時代とする説と新王国時代とする説を紹介しており、著者は中王国時代説を支持しているが、近年エジプト最古の飼い猫とみられる猫の骨がヒエラコンポリス遺跡のエリート墓から発見されており、前三七〇〇年頃に年代づけられている。しかし、古王国時代まで猫に関する資料はほとんど知られていない。そして、中王国時代になると家猫の姿が資料に現れるようになる。第一章の最後で著者は家猫の伝播について、「猫そのものも、このローマ属州時代の初期にローマに輸送された。こうして、ローマを起点として、家猫は、きわめてゆっくりと、ヨーロッパ全土に広がっていった」（一〇五頁）と述べているが、最近の猫のDNAの研究によって新たな説が提示されている。この研究では、過去九〇〇〇年間に存在した二〇〇匹以上の猫のDNAを調査し、それによると現代の家猫につながる系統は二つあることが明らかになった。二つの系統のうち、より古い方の祖先は、紀元前四四〇〇年頃に西アジアからヨーロッパへと拡散した。猫は紀元前八〇〇〇年頃から西アジアの所謂《いわゆる》「肥沃な三日月地帯」の農村周辺を徘徊するようになり、そこで鼠を退治したい人間たちと、互いに利益のある共生関係を築いていったという。二つ目の系統は、エジプトの猫で、彼らは紀元前一五〇〇年頃から、地中海やユーラシア大陸のほぼ全域へと生息範囲を拡大していった。こうした結果からは、先史時代の人間が、人間の生活を脅かす鼠の数を抑える目的で陸上・海上の交易路沿いに猫を輸送しはじめたと推測されている。

第二章の犬は、人間によって最初に家畜化された動物である。著者は、「グレイハウンドは、とくに狩猟に愛用され、壁画に描かれた」としているが、これはサルーキ猟犬とした方がより正確であろう。著者は、動物学者ルイス・カイマーがアヌビスはジャッカルではなく、砂漠犬であるとする指摘を紹介して同意している（一一二頁）。しかし、ツタンカーメン王墓を発見した考古学者カーターがアヌビスについて「ジャッカル様の犬」と表現しているように（一三一―一三二頁）、アヌビスがジャッカルなのか犬なのかということについては明確ではない。本章では大分がアヌビスについての言及であるが、古代エジプトの犬は猟犬や愛犬も多く存在し、さまざまな資料が残されている。当時から早くも警察犬の働きもする犬も存在し、犯罪者の確保に貢献していた。

第三章のテーマは蛇である。古代エジプトには約四〇種類の蛇が生息していたという。特に毒蛇であるコブラは篤く信仰されていた。ヒエログリフの鎌首をもたげたコブラの文字は女神を指し、コブラは聖蛇とみなされていた。コブラも猫同様に、作物の敵である鼠などの小動物を捉えたため、守護神としても考えられた。本書では、代表的なコブラの女神であるワジェトについて下エジプト由来の王権の守護神としての役割が詳述されている。また、大蛇が登場する冒険譚『難破船水夫の物語』を引用し、民衆レベルの善なる蛇を紹介している。一方で、古代エジプト人にとって蛇は人々を守護するだけでなく、時には脅威となっていたことも解説しており、太陽神ラー（本書ではラア）の天空での航行を妨害するアポピスについて詳述している。著者は、ヘロドトスの記述にある「二本の角のある蛇」がツノクサリ蛇であることを指摘しているが、これは古代エジプト語で三人称単数男性形（彼）を示す

f（フ）で表される蛇であり、著者が記した蛇一般の表音効果ではない（一五八頁）。また翼のある蛇については、想像上の蛇として解釈されるのが一般的であるが、著者は、「空飛ぶ蛇の原イメージはトビトカゲであったにちがいない」というユニークな説を唱えている。

第四章のテーマであるライオンは、ギザの大スフィンクスにも関連する動物である。著者が指摘しているように古代エジプトには多くの野生ライオンが下エジプトを中心に生息していた。ライオンは、スフィンクスとして表されるように王権や太陽神信仰と深い繫がりがあっただけでなく、雌が病魔退散の神として知られるセクメト女神として篤く信仰された。本書では、アメンヘテプ三世は、ムート神殿に多数のセクメト女神の彫像を配したとの記述があるが、近年の同王の葬祭殿の発掘調査により葬祭殿も多数のセクメト女神の彫像で満たされていたことが明らかとなっており、アメンヘテプ三世への病魔退散を示すものと解釈されている。本章では触れられていないが、ライオンは王のペットとされる場合があった。

第五章は、黄金虫（スカラベ）についての解説である。ビートルズのグループ名の由来に対する著者の憶測は私も同感である。古代エジプトでは、黄金虫のことを「ケプレル」と呼び、この名前から動詞の「ケペル」という単語が生まれた。「ケペル」とは「（自ら）生ずる」、「成る」という意味であり、ツタンカーメン王の即位名「ネブ・ケペルウ・ラー（「ラーの出現の主」の意）」もこの文字が含まれている。黄金虫の頭を持つケプリ神は、朝の太陽を象徴する太陽神である。なお、二〇八頁の図は王ではなく、ケプリ神を示している。本章の終わりの方では、黄金虫を象った記念スカラベ、印章スカラベ、護符スカラベのそれぞれの機能について明確にわかりやすく解説しており、大変興味深い。

第六章はナイル川で最も恐ろしい動物とされた鰐がテーマである。特に鰐の姿で表されたソベク（セベク）神についての解説が詳しい。特に中王国時代にソベク神はファイユーム地方で篤く崇拝され、王権との結びつきが強かった。また、プトレマイオス朝時代にはアスワン地方のコムオンボにソベク神殿が造営され、鰐のミイラが埋葬されたことが言及されている。鰐のミイラ製作についての記述も興味深い。

第七章のハゲワシは、下エジプトの守護女神がコブラであるのに対し、上エジプトの守護女神としてネケブ（現在のアル＝カーブ）を中心に崇拝され、王権との関わりが強い。本章の最後で触れられているハヤブサとトキについては、それぞれ章を設けても良いぐらいの情報がある。

第八章の牛は、アフリカ大陸北部で古くから家畜として重用された動物である。牛もさまざまな神々あるいは神々の聖獣として崇拝された。メンフィスのアピスの信仰については、本書では確立したのが中王国時代であるとしているが、初期王朝時代より崇拝されていた。新王国時代にアピスを埋葬するセラペイオン（セラペウム）が造営されはじめ、ラメセス二世の王子カエムワセトがそこに埋葬されたとあるが、今も正確なことはわかっていない。

最終章の第九章は、運搬用の家畜である驢馬、馬、駱駝を扱っている。古代エジプトで主に利用されたのは驢馬であったが、第二中間期になると西アジア系の「ヒクソス」王朝の時代に馬がエジプトに導入された。本書では「ヒクソス」がエジプトを征服したと記述しているが、この見解は今日では否定されている。古代エジプトにおいて駱駝は前三〇〇〇年頃の第一王朝に存在していたことが知られているものの、末期王朝時代にペルシアやアッシリアなどによって西アジアから大量に導入されたと考えられている。ピラミッドと駱駝の隊列があたかも古代エジプトの光景のように思われがちであるが、実際にはピラミッドの時代には見られなかった光景である。

本書を通じて、読者は古代エジプト人と動物との関わりを学び、人間と動物たちの共生の営みに思いを馳せることができるだろう。そして、その知識をもとに今でも多くの動物が生息するエジプトのナイル川流域に足を運ぶことができれば、ますます理解が深まるにちがいない。

（金沢大学古代文明・文化資源学研究所所長　金沢大学新学術創成研究機構教授）

古代エジプト主要地点図

KODANSHA

本書は『古代エジプト動物記』（文藝春秋　一九八四年刊）を改題し、解説をつけたものです。

文庫化にあたり読みやすさに配慮して、ルビの追加を行い、明らかな誤植は訂しています。

経年などにより説明が必要と思われた箇所には、編集部註として〔　〕で補足いたしました。

本書には現在では差別的とされる表現も含まれていますが、著者が故人であることと差別を助長する意図はないことを考慮し、原本の刊行時の文章のままとしております。

酒井傳六（さかい　でんろく）

1921−91年。東京外国語学校仏語部卒業。1955−1957年，朝日新聞社特派員としてエジプトに滞在後，古代エジプトの研究・訳業著述に従事。著書に『古代エジプトの謎』『ピグミーの世界』『スエズ運河』『エジプト学夜話』『古代女王ものがたり』『魅惑の古代』，訳書にＯ・ノイバート『王家の谷』，Ｊ・Ｐ・ローエル『ピラミッド学入門』，Ｓ・ハッサン『スフィンクスの秘密』など多数。

講談社学術文庫

定価はカバーに表示してあります。

古代《こだい》エジプト動物誌《どうぶつし》

酒井《さかい》傳六《でんろく》

2024年4月9日　第1刷発行

発行者　森田浩章
発行所　株式会社講談社
東京都文京区音羽2-12-21 〒112-8001
電話　編集（03）5395-3512
販売（03）5395-5817
業務（03）5395-3615
装　幀　蟹江征治
印　刷　株式会社ＫＰＳプロダクツ
製　本　株式会社国宝社
本文データ制作　講談社デジタル製作

ISBN978-4-06-535632-6

「講談社学術文庫」の刊行に当たって

これは、学術をポケットに入れることをモットーとして生まれた文庫である。学術は少年の心を養い、成年の心を満たす。その学術がポケットにはいる形で、万人のものになることは、生涯教育をうたう現代の理想である。

こうした考え方は、学術を巨大な城のように見る世間の常識に反するかもしれない。また、一部の人たちからは、学術の権威をおとすものと非難されるかもしれない。しかし、それはいずれも学術の新しい在り方を解しないものといわざるをえない。

学術は、まず魔術への挑戦から始まった。やがて、いわゆる常識をつぎつぎに改めていった。学術の権威は、幾百年、幾千年にわたる、苦しい戦いの成果である。こうしてきずきあげられた城が、一見して近づきがたいものにうつるのは、そのためである。しかし、学術の権威を、その形の上だけで判断してはならない。その生成のあとをかえりみれば、その根は常に人々の生活の中にあった。学術が大きな力たりうるのはそのためであって、生活をはなれた学術は、どこにもない。

開かれた社会といわれる現代にとって、これはまったく自明である。生活と学術との間に、もし距離があるとすれば、何をおいてもこれを埋めねばならない。もしこの距離が形の上の迷信からきているとすれば、その迷信をうち破らねばならぬ。

学術文庫は、内外の迷信を打破し、学術のために新しい天地をひらく意図をもって生まれた。文庫という小さい形と、学術という壮大な城とが、完全に両立するためには、なおいくらかの時を必要とするであろう。しかし、学術をポケットにした社会が、人間の生活にとってより豊かな社会であることは、たしかである。そうした社会の実現のために、文庫の世界に新しいジャンルを加えることができれば幸いである。

一九七六年六月　　野間省一

1454
オランダ東インド会社
永積《ながづみ》　昭《あきら》著（解説・弘末雅士）

東インド貿易の勝利者、二百年間の栄枯盛衰。香料貿易を制し、胡椒・コーヒー等の商業用作物栽培に進出して成功を収めたオランダ東インド会社は、なぜ滅亡したか？　インドネシア史を背景にその興亡を描く。

1526
大清帝国
増井経夫著（解説・山根幸夫）

最後の中華王朝、栄華と落日の二百七十年。政治・経済・文化等、あらゆる面で中国四千年の伝統が集大成された時代・清。満州族による建国から崩壊までを描き、そこに生きた民衆の姿に近代中国の萌芽を読む。

1579
酒地肉林　中国の贅沢三昧
井波律子著

中国の厖大な富が大奢侈となって降り注ぐ。甍を競う巨大建築、後宮三千の美女から、美食と奇食、大量殺人、麻薬の海、そして精神の蕩尽まで。四千年をいろどる贅沢三昧の中に、もうひとつの中国史を読む。電P

1595
魏晋南北朝
川勝義雄著（解説・氣賀澤保規）

〈華やかな暗黒時代〉に中国文明は咲き誇る。秦漢帝国の崩壊がもたらした混乱と分裂の四百年。専制君主なき群雄割拠の時代に、王羲之、陶淵明、『文選』等を生み出した中国文明の一貫性と強靱性の秘密に迫る。

1665
古代ギリシアの歴史　ポリスの興隆と衰退
伊藤貞夫著

西欧文明の源流・ポリスの誕生から落日まで。先史文明から諸王国の崩壊を経て民主政を確立した都市国家。ペルシア戦争に勝利し黄金期を迎えたポリスがなぜ衰退したか。栄光と落日の原因を解明する力作。

1674
古代インド
中村　元著

モヘンジョ・ダロの高度な都市計画から華麗なグプタ文化まで。苛酷な風土と東西文化の混淆が古代文明を育んだ。古代インドの生活と思想と、そこに展開された原始仏教の誕生と変遷を、仏教学の泰斗が活写する。

外国の歴史・地理

2033
山内　進著（解説・松森奈津子）
北の十字軍
「ヨーロッパ」の北方拡大

「ヨーロッパ」の形成と拡大、その理念と矛盾とは何か？　中世、ヨーロッパ北方をめざしたもう一つの十字軍が聖戦の名の下、異教徒根絶を図る残虐行為に現代世界の歴史的理解を探る。サントリー学芸賞受賞作。　電P

2051
エウジェニア・サルツァ＝プリーナ・リコッティ著／武谷なおみ訳
古代ローマの饗宴

カトー、アントニウス……美食の大帝国で人々は何を食べ、飲んでいたのか？　贅を尽くした晩餐から、農夫の質実剛健な食生活まで、二千年前に未曽有の繁栄を謳歌した帝国の食を探る。当時のレシピも併録。　電

2083
佐藤次高著
イスラームの「英雄」サラディン
十字軍と戦った男

十字軍との覇権争いに終止符を打ち、聖地エルサレムを奪還した「アラブ騎士道の体現者」の実像とは？　ヨーロッパにおいても畏敬の念をもって描かれた英雄の、人間としての姿に迫った日本初の本格的伝記。　電P

2103
阿部謹也著
西洋中世の罪と罰
亡霊の社会史

個人とは？　国家とは？　罪とは？　罰とは？　キリスト教と「贖罪規定書」と告解の浸透……。「真実の告白が、権力による個人形成の核心となる」（M・フーコー）過程を探り、西欧的精神構造の根源を解明する。　電P

2117
若桑みどり著
フィレンツェ

ダ・ヴィンチやミケランジェロ、ボッティチェッリら、天才たちの名と共にルネサンスの栄光に輝く都市。その起源からメディチ家の盛衰、現代まで、市民の手で守り抜かれた「花の都」の歴史と芸術。写真約二七〇点。

2146
J・ギース、F・ギース著／栗原　泉訳
大聖堂・製鉄・水車
中世ヨーロッパのテクノロジー

「暗闇の中世」は、実は技術革新の時代だった！　建築・武器・農具から織機・印刷まで、直観を働かせ、失敗と挑戦を繰り返した職人や聖職者、企業家や芸術家たちが世界を変えた。モノの変遷から描く西洋中世。

外国の歴史・地理

2154
池内 紀著
悪魔の話
ヨーロッパ人をとらえつづけた想念の歴史。彼らの不安と恐怖が造り出した「悪魔」観念はやがて魔女狩りという巨大な悲劇を招く。現代にも忍び寄る、あの悪夢を想起しないではいられない決定版・悪魔学入門。
電 P

2192
ウィリアム・H・マクニール著／清水廣一郎訳
ヴェネツィア 東西ヨーロッパのかなめ　1081～1797
ベストセラー『世界史』の著者のもうひとつの代表作。十字軍の時代からナポレオンによる崩壊まで、軍事・造船・行政の技術や商業資本の蓄積に着目し、地中海最強の都市国家の盛衰と、文化の相互作用を描き出す。

2200
パット・バー著／小野崎晶裕訳
イザベラ・バード 旅に生きた英国婦人
日本、チベット、ペルシア、モロッコ……。外国人が足を運ばなかった未開の奥地まで旅した十九世紀後半の最も著名なイギリス人女性旅行家。その幼少期から異国での苦闘、晩婚後の報われぬ日々まで激動の生涯。

2215
南川高志著
ローマ五賢帝 「輝ける世紀」の虚像と実像
賢帝ハドリアヌスは、同時代の人々には恐るべき「暴君」だった！「人類が最も幸福だった」とされるローマ帝国最盛期は、激しい権力抗争の時代でもあった。平和と安定の陰に隠された暗闘を史料から解き明かす。
電 P

2224
川北 稔著
イギリス 繁栄のあとさき
今日英国から学ぶべきは、衰退の中身である――。産業革命を支えたカリブ海の砂糖プランテーション。資本主義を担ったジェントルマンの非合理性……。世界システム論を日本に紹介した碩学が解く大英帝国史。
電 P

2235
本村凌二著
愛欲のローマ史 変貌する社会の底流
カエサルは妻に愛をささやいたか？ 古代ローマ人の愛と性のかたちを描き、その内なる心性と歴史の深層をとらえる社会史の試み。性愛と家族をめぐる意識の変化は、やがてキリスト教大発展の土壌を築いていく。
電 P

2254
日本探検
梅棹忠夫著（解説・原　武史）

知の巨人は、それまでの探検で培った巨視的手法で己れの生まれた「日本」を対象化し、分析する。「文明の生態史観序説」と『知的生産の技術』の間に書かれ、梅棹学の転換点となった「幻の主著」がついに文庫化！

2283
地名の研究
柳田國男著（解説・中沢新一）

諸外国とくらべて地名が膨大な国、日本。有名な「大きな地名」よりも、小字などの「小さな地名」に着目した柳田の真意とは。利用地名、占有地名、分割地名それぞれの特徴とは。地名学の源流となった名著。

2307
妖怪学新考
妖怪からみる日本人の心
小松和彦著（解説・高田　衛）

山に、辻に、空き地に、ビルの隙間や、あなたの「うしろ」にも――人あるところ、妖怪あり。人びとの不安や恐れが生み出す「妖怪」を通して日本人の精神構造と、その向こう側にある「闇」の領域を問いなおす。

2314
カレーライスと日本人
森枝卓士著

インド生まれのカレーが、いまや日本の食卓の王座についているのはなぜか？　カレー粉のルーツをイギリスに探り、明治以来の洋食史を渉猟し、「カレーとは何か」を丹念に探った名著。著者による補筆を収録。

2316
四國徧禮道指南《しこくへんろみちしるべ》　全訳注
眞念著／稲田道彦訳注

貞享四年（一六八七）刊の最古のお遍路ガイドが現代によみがえる！　旅の準備、道順、宿、見所……。江戸期の大ロングセラーは情報満載。さらに現代語訳と詳細地図を付して時を超える巡礼へと、いざ旅立とう。

2342
日本の神々
松前　健著

イザナギ、イザナミ、アマテラス、そしてスサノヲ。歴史学と民族学・比較神話学の二潮流をふまえ、神々の素朴な「原像」が宮廷神話へと統合される過程を追い、信仰や祭祀の形成と古代国家成立の実像に迫る。

日本人論・日本文化論

2392
神野志隆光著
「日本」国号の由来と歴史
「日出づる処の天子」の意味は？　「倭」「やまと」と「日本」の関係は？　平安時代から宣長を経て近代まで、「日本」の誕生とその変奏の歴史を厳密な史料読解で示す。新出資料「祢軍墓誌」についての補論も収録。

電P

2405
アレックス・カー著
犬と鬼
知られざる日本の肖像
日本は一九九〇年代、バブル崩壊を引き金に本質的に失敗した。経済、環境、人口、教育……。慢性的かつ長期的な問題を抱えるこの国の行き先は？　日本をこよなく愛するＶＩＳＩＴ　ＪＡＰＡＮ大使が警告する。
電P

2538
中橋孝博著
日本人の起源
人類誕生から縄文・弥生へ
日本列島の旧石器時代はいつからか？　縄文から弥生への移行の真相は？　明治以来の大論争を、古人類学の第一人者が最新人類学の到達点から一望検証。何がどこまでわかり、残される謎は何か、明快に解説する。
電P

2576
鈴木克美著
金魚と日本人
十六世紀初頭、中国からやってきた小さな黄金色の魚が、江戸時代に大ブームを巻き起こす！　日本初の金魚論文や図版などの稀少史料をもとに、なぜ日本人がこれほど金魚好きか考察。「金魚学」の決定版！

電P

2618
熊倉功夫著
日本料理文化史
懐石を中心に
「懐石」と「会席」は何が違うのか。利休の「一汁二菜」「一汁三菜」はなぜ正統となったのか。和の食、その精髄たる懐石料理の誕生から完成、後世への継承の歴史に日本文化のエッセンスを見出す論考。
電P

2644
神崎宣武著
日本人の原風景
風土と信心とたつきの道
山と森林の列島に棲む日本人。その恵みの何を利用し、何を畏れ、人生の節目にどう生かしてきたのか。近世から高度成長期を経て、見失われた日本人の暮らしと人生の豊穣の意味を探る。
電P